Das WorkBook für Coaches die mit

SIMPLIFY YOUR WEBSITE₂

AF282207

ein erfolgreiches Coaching-Business aufbauen wollen!

Mit diesem WorkBook erarbeitest du nicht nur deine Website-Inhalte, sondern bleibst motiviert durch klare Ziele und sichtbare Erfolge. Ideal für Coaches, die eine Website erstellen und optimieren wollen, damit sie mehr Online-Sichtbarkeit bekommen.

VON KORNELIA EXNER

@2DayWebsite

Simplify your Website 2
Dein WorkBook für den Weg zur perfekten Coaching-Website

Dieses praxisorientierte WorkBook hilft dir, den Weg zu deiner erfolgreichen Coaching-Website zu vereinfachen. Mit einem klaren Konzept und leicht umsetzbaren Schritten führt es dichsicher durch den Prozess der Website-Erstellung. "Simplify your Website 2" ist nicht nur ein Leitfaden, sondern dein persönlicher Motivations-Coach für den Aufbau deiner Online-Präsenz.

„Simplify your Website 2" ist ideal für Coaches, die mit ihrem Business starten, und wissen, dass sie mit ihrer Website Expertise aufbauen und Sympathie wie auch Nähe zu Klienten herstellen, um diese anzuziehen.

Hier sind noch drei entscheidende Besonderheiten, warum Coaches sich intensiv mit ihrem Content und ihrer Website beschäftigen sollten:

1. Vertrauen aufbauen - Deine Website ist meistens der erste Kontaktpunkt zu potenziellen Klienten.
2. Kompetenz sichtbar machen - Deine Website-Inhalte spiegeln deine Expertise und Erfahrung wider.
3. Emotionale Verbindung herstellen - Menschen buchen Coaches, wenn sie sich verstanden fühlen

---

WICHTIG: In diesem WorkBook findest du ergänzende Online-Ressourcen, die du über den QR-Code oder die URL aufrufen kannst.
Bitte nutze folgendes Passwort: *kexDESIGN*.

Wer hier schreibt

Ich bin Kornelia Exner und mit diesem Buch beweise ich dir, dass eine Website richtig Spaß machen kann. Ich zeige dir, wie einfach und erfüllend es ist, dein Coaching-Business zum Strahlen zu bringen – ohne komplizierte Technik und ohne stundenlanges Grübeln. Und auch wenn du als Coach denkst, du wärst nicht geeignet, eine Website umzusetzen – du wirst erleben, wie wichtig es ist, deine Stimme zu finden, um profitabel zu sein!

Ich liebe es, mein Wissen zu teilen, ob bei der IHK, der VHS oder in Schulen, und ermutige Menschen damit ihre eigenen digitalen Schritte zu gehen.

Kornelia Exner
Schloßwiesenstraße 3
61197 Florstadt

Mehr zu mir findest du auf diesen Websites:

https://simplify-your-website.de
https://2DayWebsite.de
https://kexDESIGN.com

@2DayWebsite

Impressum

Bibliografische Information der Deutschen Nationalbibliothek: Die Deutsche Nationalbibliothek verzeichnet diese Publikation in der Deutschen Nationalbibliografie; detaillierte bibliografische Daten sind im Internet über dnb. dnb.de abrufbar.

Verlag: BoD · Books on Demand GmbH, Überseering 33, 22297 Hamburg, bod@bod.de

Druck: Libri Plureos GmbH, Friedensallee 273, 22763 Hamburg

ISBN: 978-3-7693-2863-9

Die Idee zum Buch: „Simplify Your Website 2" ist meine Antwort auf das „Verkomplizieren" von Websites. Ich bin für einfache Lösungen und Webdesign das Spaß macht.
Für Simplify your Website wurde Titelschutzrecht eingetragen.
Lektorat, Korrektorat: Kathrin Schikat, Gesa Exner und Wolfgang Exner
Redaktion, Art-Direktion, Idee, Texte, Umschlaggestaltung, Grafiken, Zeichnungen und Fotos: Kornelia Exner. Die Bilder wurden mit Hilfe von ChatGPT und individuellen Prompts erstellt.
Weiterführende Informationen auf den jeweiligen Websites:
2DayWebsite.de simplify-your-website.de
Herausgeberin: Kornelia Exner

Simplify Your Website

Vorwort

Ich freue mich, dass du den Entschluss gefasst hast, das Thema „eigene Webseite" in die Hand zu nehmen, um für deine Kunden sichtbar zu werden! In meinen 30 Jahren als Dozentin, Mentorin, Strategin für Webdesign- und Online-Marketing habe ich unzählige Unternehmer*innen getroffen, die großartige Ideen und Angebote hatten – aber daran gescheitert sind, sie erfolgreich zu verkaufen.

Warum? Weil sie digital einfach unsichtbar waren.

Viele meiner Kunden hatten schon vor unserer Zusammenarbeit viel Geld an Agenturen gezahlt, ohne dass es ihr Marketing wirklich vorangebracht hätte. Sie konnten ihre Webseiten nicht selbst anpassen, mussten jedes Mal einen Experten bemühen oder sich am Ende sogar eine neue URL zulegen, weil die vermeintlichen "Profis" ihnen den Zugang zu ihren eigenen Seiten verwehrt hatten. Gerade in der unsicheren Zeit der Unternehmensgründung wimmelt es von Beratern und Coaches, die einem alles Mögliche aufschwatzen wollen – teure Gründungsberatungen, Webinare, Design- und Coaching- Pakete. Und ja, ich sage es ganz offen: Ich halte nichts davon!

Ich biete dir eine klare und ehrliche Begleitung. In meiner Arbeit bei der IHK, im Business Women Netzwerk der IHK und bei der Initiative „Frauen unternehmen" des BMWK habe ich nur zu oft gesehen, wie das zarte Pflänzchen eines Starts im Keim erstickt wurde, noch bevor es wirklich wachsen konnte. Viele sind verunsichert und trauen sich nicht, sich in der Öffentlichkeit zu zeigen – geschweige denn, sich selbst eine Homepage zu erstellen.

Mit diesem WorkBook gebe ich dir eine klare Struktur und zeige dir, dass jede*r eine Website erstellen kann, die wirklich verkauft – ohne lästigen Schnickschnack, ohne Abhängigkeit. Alles ist so aufgebaut, dass du jederzeit in der Lage bist, deine Seiten selbst zu gestalten und neue Inhalte einzufügen.

Während unserer gemeinsamen Arbeit zeige ich dir, wie du durch einen smarten Mix aus Blog, Newslettern, Social Media & Co. bei Suchmaschinen auffällst, ohne dabei stundenlang in den Untiefen der Plattformen zu versinken. Schließlich hast du sicher Besseres zu tun, als dich durch die digitalen Kanäle zu kämpfen. Du möchtest dich bestimmt lieber um dein Business und deine Kunden kümmern!

Alle hier vorgestellten Maßnahmen sind von mir mit über 100 Kunden getestet und optimiert worden. Alles Überflüssige habe ich rausgeworfen – denn wir wollen keine Schleifchen binden, sondern dein echtes und authentisches Business sichtbar machen. **Meine Konzepte sind für Macher! Dieses Buch legt das Fundament für dein Marketing, damit dein Coaching-Business wächst und du deine Ziele erreichst.**

Ich freue mich darauf, diesen Weg mit dir gemeinsam zu gehen und deine Erfolge zu feiern! Nichts macht mich glücklicher als zu sehen, wie Gründer*innen ihre Angst vor dem "nicht perfekt sein" ablegen und endlich richtig durchstarten. Solltest du Fragen oder Anregungen haben, schreibe mir eine Mail. Ich beantworte alle Anfragen persönlich.

Deine

INHALT

„Warum möchten sich gerade Coaches perfekt präsentieren, setzen auf stetige Fortbildungen und halten an veralteten Strategien fest, während Großkonzerne wie Apple, Microsoft und Tesla mutig mit Beta-Versionen den Markt erobern?"

Warum dieses Buch und warum ein WorkBook?

Ich habe immer wieder beob-
achtet, wie sich die Gedanken
von angehenden Coaches um
eine „alte" Lehre drehen. Sie
streben nach absoluter Perfektion, möchten Logo und
Positionierung verbessern und
das alles auf einmal am
Anfang direkt auf ihrer Website
umsetzen, um endlich durchstarten zu können.

Diese Anforderung führt uns zu einem entscheidenden Punkt:

Der Mut, nicht in Perfektion zu verharren, sondern Dinge
auszuprobieren, am Ball zu bleiben und interaktiv zu arbeiten,
ist der Schlüssel zum Erfolg.

Während große Unternehmen sich erlauben, in der
Öffentlichkeit zu lernen und zu wachsen, verbleiben viele
kleinere Unternehmen in endlosen Denkschleifen gönnen
sich eine weitere Ausbildung, zermartern sich den Kopf um
Logo und Positionierung oder verbringen endlos viel Zeit in
Webinaren und Schulungen. Sie erweitern ihr theoretisches
Wissen unaufhörlich, kommen aber nicht ins Handeln.

**Glaube mir: Statt dich in endlosen Denk- und Weiter-
bildungsschleifen zu verlieren, lohnt es sich zu starten!**

„Webdesign kann so einfach sein! Denn alles ist nur so schwer, wie Du es dir machst!"

Nutze das Buch als dein WorkBook!

Forscher der Universitäten von Kalifornien und Princeton haben herausgefunden, dass Inhalte, die von Hand geschrieben werden, viel besser verinnerlicht werden. Du merkst dir das Geschriebene leichter und kannst es in wichtigen Momenten, wie zum Beispiel in Kundengesprächen, gezielt abrufen. Der Grund liegt in der Aktivierung mehrerer Sinne beim Schreiben:

Du nimmst deine Umgebung wahr, hörst das sanfte Kratzen des Stifts auf dem Papier, siehst die Worte entstehen und führst die Schreibbewegungen aktiv aus.Die Kombination von Lernen, Merken und Bewegung hilft dabei, das Gelernte besser zu strukturieren und langfristig zu speichern. Je mehr

Sinne beteiligt sind, desto besser prägen sich die Inhalte ein. Auch wenn du dazu neigst, einen Bleistift zu benutzen, um ständig korrigieren zu können: Vermeide es! Greif lieber gleich zum Füller, Kugel- oder Gelschreiber und vermeide den Drang, ständig zu korrigieren. Es

geht nicht um Perfektion, sondern um Authentizität! Lass die ständigen Verbesserungen hinter dir und konzentriere dich auf deine Intuition. Schreibe ohne Angst vor Fehlern!

Warum hast du noch keine Website?

Bevor wir mit der Methode starten, sollten wir einen Blick darauf werfen, warum du noch nicht mit deiner Website losgelegt hast. Die Frage nach deinem „Warum" ist meistens der Schlüssel, um Hindernisse zu erkennen und Klarheit zu schaffen. Es gibt verschiedene Gründe, die Unterneh-mer*innen zurückhalten, ins TUN zu kommen. Vielleicht erkennst du hier einige von deinen eigenen Hindernissen, die dich bisher ausgebremst haben:

Angst vor dem Anfang und der vielen Arbeit:

Du hast möglicherweise Bedenken wegen des Arbeitsaufwands, der mit dem Erstellen einer Website verbunden ist.

Technik-Angst:

Du denkst, dass dir die Technik nicht liegt. Dich verwirren die ganzen Fachbegriffe und du fühlst dich verloren. Der Gedanke „Ja keinen Fehler machen!" hält dich davon ab, endlich loszulegen.

Angst vor Folgekosten:

Du könntest deine Website von einer Agentur oder einem Freelancer erstellen lassen. Aber danach? Änderungen sind unausweichlich. Neue Angebote, frischer Content, kleine Anpassungen – und jedes Mal fragst du dich: Was kostet das jetzt wieder? Die Angst vor einer Kostenspirale schwingt mit.

Webdesign scheint dir viel zu kompliziert:

Du hast die Erfahrung gemacht, dass Webdesign kompliziert ist: Neue Programme, Design, Logo, Inhalte und mehr. So viele Entscheidungen, dass du den Start schon lange vor dir her schiebst.

Eine Website ist „altbacken" :

Von zahlreichen Coaches hast du gehört, dass eine Website nicht mehr notwendig sei, weil es so viele neue Möglichkeiten gibt und eine Landingpage ausreicht.

Informationsüberflutung:

Du hast schon viel gelesen und eine grobe Idee gerarbeitet. Dann besuchst du Webinare, um endlich in die Umsetzung zu kommen oder einen Profi zu finden. Allerdings hast du jetzt noch mehr Informationen und bist von deinem Weg abgekommen. Jetzt fehlt dir die Klarheit, was du wirklich brauchst, um mit deiner Website zu starten.

Fehlende Positionierung:

Du glaubst, du brauchst zuerst eine klare und einzigartige Abgrenzung zu deinen Mitbewerbern. Deiner Meinung nach ist sie der Schlüssel, um erfolgreich durchzustarten.

„Viel Wissen", das ist dein Hindernis:

Du glaubst, dass du erst noch mehr lernen musst, bevor du rausgehen und verkaufen kannst. Du hast „Bammel" davor dich als Profi zu betiteln? Alle anderen wissen bestimmt mehr.

Software-Auswahl:

Du bist unsicher, welche Software die richtige ist. Im Netz gibt es schier unzählige Empfehlungen, aber du weißt nicht, was du wirklich brauchst. Du möchtest sicher sein, dass du in Zukunft flexibel bist und weiter wachsen kannst. Woher solltest du auch das ganze technische Know-How haben?

Viele meiner Kunden verstehen die fachlichen Beschreibungen der Softwareanbieter nicht. Oft haben sie deshalb die gleichen Funktionalitäten unbewusst mehrfach gekauft, weil sie die Unterschiede nicht erkennen konnten.

Deine Website-Inhalte werden nicht von heute auf morgen perfekt sein! Aber all diese Hindernisse sind lösbar, wenn du das Buch als WorkBook nutzt und loslegst. Mit der Umsetzung gehst du den ersten entscheidenden Schritt, um sichtbar zu werden und dein Business in Schwung zu bringen. Werde aktiv!

„Setze um! Werde sichtbar!
Der Markt braucht dich und deine Expertise."

Dein persönlicher Mentor!

Nutze dieses Buch als deinen persönlichen Mentor – vor allem, wenn du...

- ...dich und deine Angebote ständig vergleichst.
- ...dich im Chaos verirrst.
- ...deine Seite umsetzen willst, stattdessen ständig grübelst.
- ...dich an Kleinigkeiten festhältst und nicht weiterkommst.
- ...von dem Wissen anderer abgelenkt wirst.
- ...ideenlos und frustriert nach Lösungen suchst.
- ...das große Ganze im Blick behalten willst.
- ...deine Erfolge feiern möchtest und dich motivieren willst.

Feiere deine Erfolge!

Als Coach weißt du, dass nicht immer alles nach Plan läuft. Und genau da setzt dieses Buch an: Es hilft die dabei den Überblick über deine Fortschritte zu behalten. Du siehst auf einen Blick, was du bereits erreicht hast und kannst deine Erfolge feiern.

Dieses Buch gibt dir den nötigen Fokus. Auf den freien Seiten bekommst du kleine Aufgaben, die dir helfen, deine

individuellen Inhalte für deine Website zu erstellen. Solltest du einmal ins Zweifeln kommen, hilft ein Blick ins Buch und auf deine bisherigen

Erfolge. Das motiviert und du behältst deine Fortschritte im Blick.

Simplify Your Website

Starter-Set aus der erfolgreichen kexDESIGN-Methode

Ich glaube fest daran, dass strategisches Webdesign nicht kompliziert und verwirrend sein muss. Mit diesem Buch wird es einfach und inspirierend. Mit deiner Website und dem Wissen um Online-Marketing kannst du deinen Auftritt weiterentwickeln und neue Kunden anziehen.

In den letzten Jahren habe ich alle bestehenden Ansätze getestet. Daraus habe ich eine einfache, aber wirkungsvolle Vorgehensweise entwickelt, die ich mit viel persönlicher Unterstützung begleite. Meine Stärke liegt darin, vor Ideen zu sprudeln und Menschen nicht nur zu begeistern, sondern sie auch tatkräftig voranzubringen.

Auch wenn viele Marketing-Gurus sagen: „Du brauchst keine Website". So sage ich dir, sie irren sich, denn auch sie haben eine Homepage. Lass uns deshalb zusammen den Unterschied machen – für deinen Erfolg und deine Zufriedenheit!

Beginne mit dem Starter-Set der erfolgreichen kexDESIGN-Methode und erlebe, wie einfach und erfüllend es sein kann, dein Business zum Strahlen zu bringen.

Der 11-Punkte-Plan

1. Die eine Zutat, die dir am Anfang niemand verrät:

Du erfährst das, was dir 99 % der Webdesigner und Agenturen nicht sagen. Denn ich zeige dir eine einfache und unkomplizierte Methode, mit der du Ruck-zuck zur Website kommst, ohne dir endlose Gedanken um Technik, perfektes Design und Positionierung zu machen. All das kostet am Anfang viel Energie. Schiebe und du solltest es erst einmal beiseite schieben. Zu starten ist viel wichtiger.

2. Vereinfachen

Jeder Weg beginnt mit einem ersten Schritt. Eine einfache Online-Präsenz bringt dich deutlich weiter als gar keine! Hast du erst einmal begonnen, ergibt sich der Rest fast von selbst.

3. Nach und nach

Wenn das Grundgerüst erst einmal steht, werden du und deine Homepage ganz natürlich wachsen. Wenn du mit den Tools vertraut bist, merkst du schnell, wie deine Kunden auf deine Angebote reagieren. Sicher wirst du deshalb deine Website immer wieder flexibel anpassen wollen und dank meiner Unterstützung auch immer können. Du musst nicht alles auf einmal erledigen – kleine Schritte bringen dich schneller ans Ziel, als du denkst.

4. Einfach und flexibel arbeiten

Es gibt flexible, kostengünstige und nachhaltige Software-Lösungen, mit denen du dich nicht überforderst. Auch wenn sie einfach sind, bieten sie dir viele Möglichkeiten mit deinem Business zu wachsen.

5. Vertrauen durch Website

Social Media und Landingpages sind großartig – aber eine Website schafft Vertrauen und Beständigkeit gegenüber deinen Kunden. Sie zeigt, dass du da bist und es ernst meinst.

6. Spaß am Webdesign

Die Arbeit an deiner Website wird dir sogar helfen, dein Angebot und deine Positionierung zu schärfen. Durch das Feedback deiner Besucher und Kunden lernst du nicht nur, besser zu argumentieren, sondern gewinnst auch verkäuferische Sicherheit.

7. Deine Website. Deine Bühne.

Deine Website bietet dir die Bühne, um zu lernen, zu wachsen und deine Erfahrungen in echte Erfolge umzuwandeln.

8. Das macht DICH und DEIN Angebot aus

Du sammelst deine Ideen im WorkBook, entwickelst erste Formulierungen für deine Coaching-Website und dein Marketing. Nach „Simplify your Website2" weißt du genau, was dich als Coach und dein Angebot ausmacht und was auf deine Website gehört.

10. Dein persönliches „Warum" - Dein Unique Selling Point

Du wirst deine Besonderheiten kennen lernen, dein persönliches „Warum" verstehen und als deinen USP formulieren. Du wirst spüren, wie motivierend sich dein WARUM auf deine Arbeit und dein Marketing auswirkt. Dein persönliches WARUM ist genau das, was dich erfolgreicher macht als den Durchschnitt deiner Mitbewerber.

11. Effektivität

Für die Erstellung deiner Internetseite setzt du dich mit deinen Angeboten, deinen Zielen und deinen Stärken auseinander. Du versetzt dich in die Lage deiner Kunden und überlegst, wie du von der Zusammenarbeit mit dir überzeugen kannst. Diese Auseinandersetzung stärkt dich als Unternehmer*in. All das wird Energie in dir freisetzen. Du wirst dich wundern, wie viel mehr möglich ist, wenn du erst einmal Klarheit über die Inhalte einer Website hast!

„Nur wenn du genügend Energie hast, kannst du auch das Feuer in den Herzen deiner Kunden entfachen!"

Kunden anziehen mit deinem persönlichen WARUM!

Ich werde dich nicht überreden oder dich zwingen, deine Website selbst umzusetzen. Ich bin aber überzeugt, dass du mit einer Website dein Marketing viel effektiver machst. Vergleichen wir das Marketing von erfolgreichen Unternehmer*innen, so starten alle mit einer Homepage. Eine eigene Website gibt dir die Kontrolle über deine Online-Präsenz.

Nachdem du alle Inhalte in diesem Buch erarbeitet hast, kannst du es – oder einfach nur die Ergebnisse – an eine*n Webdesigner*in weitergeben. Das wird die Zusammenarbeit deutlich erleichtern und deine Kosten reduzieren.

Dank des WorkBooks strukturierst du alle nötigen Informationen, die du dann in deine Website einbauen kannst. Du kannst es einfach neben dich legen und direkt auf alle wichtigen Informationen zugreifen. So sparst du dir das mühsame Suchen an unzähligen Stellen und hast alles kompakt an einem Ort.

„Nur mit Fokus wirst du deine Website umsetzen und Kunden anziehen"

Formuliere dein persönliches „Warum"!

Menschen kaufen bei Menschen! Das gilt insbesondere für dich als Coach. Sympathie ist entscheidend um aus Website Besuchern zahlende Klienten zu machen! Ein überzeugendes, emphatisches "Warum" verkauft nicht nur, es inspiriert, verbindet und schafft treue Anhänger. Wenn dein Webdesign deine persönliche Geschichte erzählt, wirst du nicht nur Kunden gewinnen, sondern Menschen, die sich mit deiner Mission identifizieren und sie unterstützen. Bereits kleine Anpassungen der Formulierungen können den entscheidenden Unterschied machen.

Das falsche "Warum"

Stell dir eine Website vor, die lautstark verkündet: "Wir machen die coolsten Designs, um richtig viel Geld zu verdienen!" Das ist wie ein Bewerber, der oberflächlich und geldgierig wirkt – wenig inspirierend. Diese Website schreit nach Aufmerksamkeit mit grellen Farben, aufdringlichen Pop-ups und aggressiven Call-to-Actions. Alle Produkte werden ebenso grell sein. Solche Inhalte sind wie leere Versprechungen und Verkaufsphrasen. Das Ergebnis? Kunden fühlen sich manipuliert und ausgenutzt. Sie identifizieren sich nicht mit dem Angebot, weil es nicht ihren Werten entspricht.

Das richtige "Warum"

Jetzt stell dir eine Website vor, die sagt: "Wir schaffen digitale Erlebnisse, die Menschen begeistern und ihre Unternehmen wachsen lassen." Das ist wie ein Angebot, das leidenschaftlich, kundenorientiert und wertvoll ist. Die Anbieter werden alle Produkte an diesem Versprechen

Simplify Your Website

orientieren. Ebenso werden das Design, dieWorte, die Mitarbeiter und auch die Kundengespräche diesemAnspruch folgen. Die Bedürfnisse der Nutzer werden in den Mittelpunkt gestellt. Inspirierende, individuelle Inhalte sowie die Erfolgsgeschichten deiner Kunden sind wertvolle Elemente für potenzielle Kunden. Nutzer fühlen sich sicher, interagieren und verweilen auf der Seite. Eine solche Website hat ein starkes "Warum". Es zieht sich wie ein roter Faden durch alle Aussagen und konsistent durch die gesamte Website. Achte bei deinen Texten immer auf entsprechende Formulierungen. Hier ein paar Beispiele:

Startseite:

Begeistere mit deiner Vision und zeige, wie du die Welt ein Stück besser machst. Formuliere so, dass deine Kunden dich verstehen. Z.B: „Wir kreieren Software für die Menschen und liefern einfache, leicht verständliche Lösungen, von denen unsere Kunden begeistert sind."

Über dich:

Erzähle deine persönliche Geschichte, was dich motiviert und warum du tust, was du tust. Zeige, was dich durch deine Erfahrungen und deine Angebote besonders macht. Nutze dabei persönliche Formulierungen und Aussagen, die deine Kunden über dich machen oder die du dir wünschst, wie z.B.: „Ich arbeite täglich daran, dass meine Kunden so zufrieden sind, dass sie mich gerne weiterempfehlen."

Leistungen:

Erkläre, warum dein Angebot den Unterschied macht. Am besten geht das, wenn du darüber erzählst, wie du darauf gekommen bist, dein Angebot oder deine Dienstleistung zu entwickeln. Beschreibe deine Methode und deine Herangehensweise. Wie bist du darauf gekommen und welchen Erfolg können Kunden, Freunde und Bekannte bestätigen?

Blog:

Was ist so spannend für deine Kunden, dass sie auf deiner Homepage verweilen? Was sorgt dafür, dass Suchmaschinen dich als relevant einstufen und ganz vorne anzeigen? Mein Tipp: Teile persönliche Erfahrungen und gib Profi-Tipps.

Kundenstimmen:

Lass zufriedene Kunden davon berichten, wie du ihr Leben positiv verändert hast. Vorlieben und Beweggründe haben eine lebensintensivierende Wirkung. Diese wird deine Ausstrahlung verändern und dir Sicherheit geben mit der Auswirkung, dass sich potenzielle Kunden im wahrsten Sinne des Wortes angezogen fühlen.

Der Schlüssel für Anziehungskraft

Menschen mit positiver Ausstrahlung, viel Energie und klaren Überzeugungen haben die Fähigkeit, andere zu begeistern und in ihren Bann zu ziehen. Für

Unternehmerinnen ist dies eine Schlüsselkompetenz, um potenzielle Kunden zu überzeugen. Wer jedoch seine Energie verschwendet, sich seine Arbeit unnötig schwer macht und sich von negativen Einflüssen leiten lässt, hat oft nicht die nötige Kraft, um andere mitzuziehen. Ein guter Umgang mit deiner Energie und Klarheit über deine Ziele sind der Schlüssel zu deinem Erfolg. Ich helfe dir dabei, deine Mission und dein Businessziel klar herauszuarbeiten, damit du diese gezielt in deiner Kundenkommunikation einsetzen kannst.

Dabei wirst du lernen, weniger Energie zu verschwenden und deine Wunschkunden genau zu verstehen. Du wirst entdecken, welchen echten Mehrwert du ihnen mit deiner Leistung bieten kannst. Wenn du diesen Mehrwert klar und authentisch formulierst und dabei dein „Warum" in den Vordergrund stellst, wirst du genau die Menschen anziehen, die zu dir und deinem Angebot passen.

Dieses WorkBook begleitet dich Schritt für Schritt auf diesem Weg und unterstützt dich dabei, deine Ziele zu erreichen.

„Und jetzt...
Spring rein in dein
Website-Abenteuer!"

Der Weg zu deinem „Warum"

Folgende Fragen helfen dir dabei, dein „Warum" zu finden. Beachte die Anweisungen unten rechts.

WARUM tust du das, was du tust? Halte alle Einfälle fest!

Wie bist du auf dein Thema gekommen?

Was sagen Freunde, Bekannte und evtl. Kunden über dich?

Welche Aussagen begegnen dir immer wieder? Gibt es Lob, das immer wieder ähnlich formuliert wird?

Simplify Your Website

Gibt es besondere Leistungen oder ein besonderes Vorgehen, das dich auszeichnet?

Hat dir schon einmal jemand gesagt, dass du motivieren kannst? Wie und womit gelingt dir das?

Gibt es Menschen, die dir schon einmal gesagt haben, dass sie dir gerne zuhören, dass sie durch dich auf neue Ideen kommen? Solche Aussagen zeugen von Vertrauen in deine Kompetenz. Schreibe dir auf, wann und weshalb diese Aussagen gemacht wurden.

 Dokumentiere möglichst viele Punkte, mit denen du deine Ideale beschreiben würdest. Achte darauf, dass es Informationen sind, von denen deine Freunde, Zuhörer und Kunden sagen, sie seien inspirierend und regen an neu zu denken. Denn nur, wenn du Klarheit darüber hast, wirst du andere davon überzeugen können, dir zu vertrauen.

LET'S START!

SIMPLIFY YOUR WEBSITE

Das bin ich

Wofür bewundern dich deine Freunde/Familienmitglieder? Kleiner Tipp: Frage deine Freunde/Familie per WhatsApp, welche drei Eigenschaften sie an dir besonders schätzen. Halte hier deine Notizen fest.

✎ Mein persönlicher USP: Als Einzelunternehmer*in ist deine Person das Alleinstellungsmerkmal, dein USP. Je reflektierter wir mit uns umgehen, desto authentischer werden wir für unsere Kunden. Diese Selbsteinschätzung prägt nicht nur unsere Lebenseinstellung und Ausstrahlung, sondern wirkt auch anziehend auf unsere Kunden.

Das möchte ich beibehalten

Bewahre dir deine Besonderheiten. Schreibe hier auf, was dir besonders wichtig ist.

Diese Besonderheiten will ich bewahren: Einzigartige Erlebnisse, Begegnungen und Erfahrungen haben dich zu dem Menschen gemacht, der du bist. Welche dieser besonderen Aspekte machen dich aus und sollen dich auch in Zukunft begleiten? Halte fest, was du in deinem Leben besonders schätzen und bewahren möchtest.

Das sind meine Themen

Darüber kann ich stundenlang reden. Halte hier deine Notizen fest.

Schreibe hier drei Themen auf, bei denen es dir leicht fällt eine DIN A4 Seite zu schreiben? Notiere zu den jeweiligen Themen ein paar Stichworte.

Das hat mich positiv geprägt

Notiere, was und wer dir in schwierigen Zeiten geholfen hat. Diese Reflexion kann dir Motivation und Kraft für zukünftige Herausforderungen geben. Halte die Momente fest, die dich stärken und dir Freude bereiten.

Dein persönliches Schatzkästchen wartet darauf, von dir gefüllt zu werden! Welche positiven Erfahrungen haben dich geprägt? Denke an schöne Kindheitserinnerungen, Freundschaften, Erfolge oder inspirierende Erlebnisse. Notiere, was dir in schwierigen Zeiten geholfen hat. Diese Reflexion schenkt dir Motivation und Stärke für kommende Herausforderungen. Halte fest, was dir Freude und Kraft gibt!

Das sind meine Werte

So prägen meine Werte meine täglichen Entscheidungen.
Halte hier deine Gedanken fest.

✍️ Erkenne deine Werte: Welche Werte sind dir im Privatleben und in deiner Arbeit besonders wichtig? Wie beeinflussen sie deine Entscheidungen? Mach dir bewusst, welche Prioritäten deine Werte im Alltag haben und wie sie sich in deinen täglichen Handlungen widerspiegeln. Falls du dir unsicher bist, was Werte sind, suche online nach dem Begriff und wähle 15 passende Werte für dich aus. Vergleiche dann jeweils zwei Werte miteinander und entscheide, welcher dir wichtiger ist. Bist du unsicher? Dann überlege, welchen du am meisten vermissen würdest, wenn du auf ihn verzichten müsstest. Triff deine Entscheidung und beschreibe, was du mit diesen Werten verbindest.

Wann empfindest du Glück?

Schreibe ein paar deiner Glücksmomente auf, damit du in schwierigen Zeiten darauf zurückgreifen kannst. Es sind Erinnerungen, die dir Trost und Hoffnung spenden.

Schreib einfach drauf los! Halte deine besonderen Glücksmomente fest, die dein Herz erwärmen. Sei es der liebevolle Blick deines Hundes oder deiner Katze, der direkt in deine Seele trifft. Denk auch an die großen Ereignisse, die dich bewegt haben, wie ein Umzug oder eine Reise, die plötzlich unerwartete und wundervolle Wendungen genommen haben.

Deine Lebensrollen

Jeder von uns hat eine Reihe von Rollen in seinem Leben. In diese investieren wir unsere zur Verfügung stehende Energie. Sei es die Rolle der Unternehmer*in, des Partners/der Partnerin, der/die Freund*in und mehr. Sicher hast auch du mehr Rollen als du denkst. Schreibe sie auf:

Ich bin.....

Ich bin.....

Ich bin.....

Ich bin.....

Ich bin.....

Simplify Your Website

Welche Rollen nimmst du täglich ein? Lothar Seiwert nennt sie "Lebenshüte".
Notiere alle Rollen in deinem Alltag—sowohl die, die dir Freude bereiten und in die du gerne Zeit und Energie investierst, als auch jene, die dir Energie rauben. Das können Rollen wie Mitarbeiter*in, Elternteil, Vereinsmitglied oder Freund*in sein. Betrachte diese Rollen und bewerte, ob du deine Energie aktuell sinnvoll für dich und gewinnbringend für dein Business einsetzt. Wo möchtest du Veränderungen vornehmen? Notiere geeignete Maßnahmen.

Das sind meine Wünsche, Pläne und Ziele

Nimm dir einen Moment, um deine Wünsche, Pläne und Ziele festzuhalten. Halte sie unbedingt schriftlich fest! Denn wenn du sie schriftlich notierst, kannst du sie dir immer wieder ansehen, um dich in schwierigen Momenten zu zentrieren.

Dieses Ziel möchte ich erreichen:
Schreibe auf: „Ich will Folgendes erreichen, weil…".

Diese kleine Gewohnheit möchte ich durchhalten:
Schreibe dir die Sache hier auf. Beginne mit „Ich will…"

Bist du ein „Aufschiebe-Typ"?
Welche besondere Sache möchtest du nicht mehr aufschieben?

Lässt du dich häufig ablenken?
Welche Ablenkung möchtest du vermeiden?

Simplify Your Website

Dies beschäftigt mich besonders:
äußerlich wie auch innerlich

Das hat mir immer besonders gut getan:

Das möchte ich einfach loslassen:

Ich habe die Erfahrung gemacht, dass sich viele Kunden selbst im Weg stehen, sich verzetteln und blockieren. Wichtig ist, motiviert und fokussiert zu bleiben und einen Schritt nach dem anderen zu gehen. Betrachte all deine Ziele immer wieder und verinnerliche dir ihren Wert. Das wird dazu führen, dass du sehr viel weiter kommst als viele andere.

LEICHT STARTEN!

HINTEN BEGINNEN!

Neue Wege gehen

Viele meiner Kunden stehen sich anfangs selbst im Weg: Sie verzetteln sich, verlieren den Fokus und blockieren sich selbst. Dabei ist es entscheidend, fokussiert zu bleiben und Schritt für Schritt mit einer klaren Methode vorzugehen.

Den ersten wichtigen Schritt hast du bereits gemeistert:
Du kennst deine Stärken, Werte und das, was dich als Unternehmer*in ausmacht. Dieses Bewusstsein ist eine wertvolle Grundlage, die du nun gezielt in deinen Texten einsetzen kannst.

Wie du dieses Bewusstsein effektiv und gewinnbringend für dein Business einsetzt, erarbeitest du in diesem Kapitel.

Diese Struktur ist dein Wegweiser

Vielleicht hast du dich schon mit vielen Ratgebern beschäftigt, die dir geraten haben, zuerst deine Zielgruppe,

das Produktdesign und das Logo zu entwickeln.

Aus meiner Erfahrung weiß ich jedoch, dass viele meiner Kunden zu diesem Zeitpunkt noch nicht bereit dafür sind. Stattdessen ist es sinnvoller, zunächst eine Website mit einer einfachen und klaren Struktur zu erstellen. Hierzu beginnst du mit denrechtlichen Pflichtelementen (Impressum und Datenschutz) und sorgst für die Texte von 3 - 4 Artikeln, die du direkt auf deiner Website veröffentlichst. So bekommst du Sicherheit und schaffst eine erste Präsenz. Damit kannst du testen, welche Zielgruppen auf deine Inhalte reagieren, bevor du ins Detail gehst. Diese Herangehensweise spart Zeit und Ressourcen und hilft dir, mit einem klaren Fokus die richtigen Entscheidungen für dein Business zu treffen.

Du sorgst mit Leichtigkeit für eine Website, die dich präsentiert, die du jederzeit absolut variabel gestalten kannst und bei der du alle Möglichkeiten der Skalierung hast.

Bevor du dir den Kopf über Design oder Logo zerbrichst, nach dir klar: Dein Content und deine Website sind der Schlüssel für deinen Business-Erfolg! Hier sind drei Gründe, warum du dich zuerst auf diese Inhalte konzentrieren solltest:

1. Vertrauen aufbauen

Deine Website ist oft der erste Kontaktpunkt für potenzielle Klienten. Durch klare, authentische und professionelle Inhalte schaffst du sofort Vertrauen. Erfahrungsberichte, Fallstudien und eine persönliche Vorstellung mit Fotos verstärken diesen Effekt.

2. Deine Kompetenz sichtbar machen

Dein Content sollte zeigen, was du kannst und wie du Menschen wirklich weiterhilfst. Mit Blogartikeln, Videos oder kostenlosen Angeboten wie E-Books oder Webinaren machst du klar: Ich kenne deine Herausforderung – und ich habe die Lösung dafür.

3. Emotionale Verbindung herstellen

Menschen buchen einen Coach, wenn sie sich verstanden fühlen. Sprich deine Zielgruppe direkt an, erzähle ihre Geschichte und zeige, dass du genau der richtige Begleiter für sie bist. Wenn sie sich auf deiner Website abgeholt fühlen, ist der nächste Schritt – die Kontaktaufnahme – Formsache.

„Spare Zeit und Ressourcen, lege die Basis für fokussierte Entscheidungen und flexibles Wachstum."

Gewinne Sichtbarkeit und zeige Kompetenz

In der letzten Zeit habe ich diese Situation häufig erlebt: Unternehmer*innen, die mit ihrem Business starten, suchen im Netz nach Möglichkeiten, Zeit und Geld zu sparen.

Bei deinen ersten Online-Recherchen als Unternehmer*in erkennst du oft nicht, dass Suchmaschinen dich als Anfänger*in einstufen. Dies führt dazu, dass dir hauptsächlich vereinfachte Lösungen von selbsternannten "Experten" präsentiert werden. Du bleibst  in einer Schleife aus bekannten Problemen gefangen, ohne neue, effektive Wege zu entdecken. Leider investieren viele dadurch über 8.000 € in Coachings und Logos, ohne dabei erfolgreich Kunden zu gewinnen. Oft sind ihre finanziellen Reserven damit schnell aufgebraucht, was zu erheblichem Stress führt und häufig in schlechten Geschäften endet.

Aufgebrauchte Ersparnisse erzeugen finanziellen Druck. Es wird zunehmend schwierig selbstbewusst auf potenzielle Kunden zuzugehen und erfolgreich zu verkaufen. Um genau das zu verhindern, schlage ich dir einen strukturierten Plan vor, mit dem du dein Budget effektiv und Kundenorientiert einsetzt.

Beachte folgende Regeln:

1. Sorge für eine eigene Website

Denn du bist der Inhaber dieser Inhalte. Das ist dein Kapital, du allein bestimmst, wie du es einsetzt.

2. Sorge für eine E-Mail-Liste / Warteliste

So kannst du mit all den Menschen in Kontakt bleiben, die bereits Interesse an deinen Themen haben. Du schaffst die Grundlage dafür, dass du mit potenziellen Kunden in Kontakt bleibst.

3. Sorge für ein großes Content-Vermögen

Guten und vielfältigen Content wie Podcasts, Blogartikel, E-Books, Filme etc. sammelst du auf deiner Website. So wächst dein Content-Vermögen stetig. Es bringt dir Tag zu Tag, Monat für Monat und Jahr für Jahr mehr Besucher*innen.

4. So wächst dein Vermögen!

Dein Website-Content ist wie ein persönliches Bankvermögen auf einem Sparkonto. Es stapelt sich und verhält sich genauso wie dein Guthaben auf der Bank oder im Depot, das mit den Jahren durch Zinsen und Zinseszinsen wächst. Mit diesem Vermögen hast du zahlreiche Möglichkeiten:

• Aus Blogartikeln und den Kommentaren kannst du einen Newsletter machen.

• Aus Blogartikeln kannst du Social-Media Posts erstellen.

• Aus Newslettern kannst du einen Blogartikel machen.

• Aus mehreren Blogartikeln kannst du ein Buch machen.

• Aus einem Video kannst du ein Podcast machen.

• Aus mehreren Podcasts oder Videos kannst du einen Kurs machen.

• Aus Kursen & Blogartikeln wird ein Mitgliederbereich
Und so weiter und so weiter....

Nachhaltig Arbeiten mit einer eigenen Website

Du siehst an diesen Beispielen, welche Möglichkeiten sich für dich ergeben, wenn du in deinen Content investierst. Deine Inhalte werden immer wertvoller und dein Website-Imperium wird immer größer. Du bekommst dafür:

- Besseres Google Ranking
- Mehr Seitenbesuche
- Steigende Reputation

Strategischer Content sorgt für Sicherheit. Du kannst mit diesen Inhalten neue Leser anlocken und aus ihnen Fans machen, die dann zu Kunden werden. Dein Website-Content stellt auch ein Sicherheitspolster dar, auf das du in jeder Situation zurückgreifen kannst. Der „Stoff" wird dir so niemals ausgehen und du kannst neue Inhalte schaffen, ohne dir dauernd den Kopf zu zerbrechen.

„Damit dein Content Besucher, Leser und Kunden anzieht, musst du die Inhalte strategisch aufbauen und auf deiner eigenen Website sammeln: Nicht in Social Media! Nicht auf fremden Plattformen!"

Vermeide Arbeiten, die nur einmalig und sehr kurz für Aufmerksamkeit sorgen! Das wichtigste Gut, das für deinen Erfolg sorgt ist Aufmerksamkeit. Plane deshalb Content, den du immer wieder verwenden kannst und mit dem du dir immer wieder – nicht einmalig – die Aufmerksamkeit deiner Zielgruppe sicherst.

Sammle hier deine Gedanken

Schreibe dir hier alles auf, was dir in den Sinn kommt und dich vom Arbeiten ablenkt. So kannst du konzentriert arbeiten.

Nutze diese Seite für all die Dinge, die dir immer wieder in den Kopf kommen und dich manchmal sogar von deinen Arbeiten abbringen. Einmal aufgeschrieben, kannst du sie loslassen und dich auf deinen Weg konzentrieren. Schreibe hier deine Gedanken auf. Bei Gelegenheit kannst du auf sie zurückkommen.

Deine Domain: Der Name deiner Website!

Eine Domain ist die Adresse, unter der deine Inhalte weltweit erreichbar sind. Sammle hier all deine Ideen, damit du keine vergisst. Nach und nach kannst du checken, welche noch frei ist.

2daywebsite.de/domain

Wähle einen Domainnamen anhand deines Namens oder deines Angebotes. Wichtig: der Domainname sollte eindeutig sein und du solltest dich mit ihm wohlfühlen. Mehr Infos und Tipps auf meiner Website. Einfach QR-Code scannen.

Hosting: Das Zuhause deiner Website

Die Website-Inhalte liegen auf einem Server bei einem Provider. Für diesen Hosting-Service wird ein Vertrag abgeschlossen. Hier kannst du einige Anbieter eintragen und die Preise vergleichen.

2daywebsite.de/hosting

✏️ Ein Provider stellt dir Platz auf seinem Server zur Verfügung. Dort kannst du all deine Daten speichern. Dieser Server ist immer von überall erreichbar.

Schreib dich warm – Impressum

Beginne mit den Texten für das **Impressum**. Notiere deine Inhalte.

Die 2-Klick-Regel besagt, dass dein Impressum von jeder Seite deiner Website aus in maximal zwei Klicks erreichbar sein muss, um Abmahnungen zu vermeiden. Noch besser: Mache es mit nur einem Klick zugänglich, indem du den Link im Footer platzierst. Dort suchen die meisten Besucher. Im Internet findest du kostenlose Tools wie den Impressum-Generator, die dir helfen, ein rechtssicheres Impressum zu erstellen. Erstelle den Text und speichere ihn für deine Website. Mehr Infos zum Rechtlichen im Anhang.

Schreib dich warm – Datenschutz

Beginne mit den Texten für die **Datenschutzerklärung**.
Notiere deine Inhalte.

Die 2-Klick-Regel besagt, dass dein Datenschutz von jeder Seite deiner Website aus in maximal zwei Klicks erreichbar sein muss, um Abmahnungen zu vermeiden. Noch besser: Mache es mit nur einem Klick zugänglich, indem du den Link im Footer platzierst. Dort suchen die meisten Besucher. Im Internet findest du kostenlose Tools wie den Datenschutz-Generator, die dir helfen, ein rechtssicheres Impressum zu erstellen. Erstelle den Text und speichere ihn für deine Website. Mehr Infos zum Rechtlichen im Anhang.

Platz für deine Notizen

Platz für alles, was dir einfällt und was du dir merken möchtest.

DEINE WEBSITE!

SCHREIB LOS!

Der einfachste Weg zur Coaching-Website

Das ist nicht der Weg, zu dem dir die meisten Coaches und Webdesigner raten. Sie empfehlen dir meist, mit dem Design anzufangen. Meiner Erfahrung nach wird so deine Website zu einem großen, Nerven aufreibenden Projekt. Du wirst dich monatelang mit Logo-Design, Farben, Schriften und Bildern

beschäftigen, ohne zum tatsächlichen Kern deines Business zu kommen. Das Ergebnis: Grübeleien, ständiges „in-Frage-stellen" und kaum Fortschritte.

Viele meiner Kunden waren in der Zeit dem Aufgeben näher als dem Erfolg. Das kannst du vermeiden, wenn du von hinten" startest!

Mit dieser Methode sorgen wir gemeinsam dafür, dass du eine Website installierst, auf der du deine in diesem Buch erarbeiteten Texte einstellen und veröffentlichen kannst. Du überwindest mögliche Blockaden und bekommst Schreibroutine.

Statt nach dem idealen Design zu suchen, kannst du bereits erste wichtige Online-Erfahrungen sammeln und dich deinen Kunden widmen. Du gewinnst Routine in der Kommunikation mit deinen Kunden. Du wirst die Erstausrichtung deines Unternehmens formulieren und in der Zusammenarbeit mit deiner Zielgruppe schärfen. Mit der Zeit erkennst du, mit welchen Kunden du die besten Ergebnisse erzielst. So erarbeitest du dir ganz natürlich eine kundenorientierte Positionierung für dein Business und kannst von Beginn an deine Leistungen verkaufen.

Quick-Tipp: Aus meiner 30-jährigen Erfahrung weiß ich, dass Design und Positionierung dich nicht aufhalten sollten. Ich rate dir zum Aufschieben, weil nicht das Design verkauft und du so schneller an den Start gehst.

„Ein ansprechendes Design ist wichtig!
ABER:
Es kann zum größten Hindernis
für deinen Business-Erfolg werden.
Als Coach musst du
deine Stimme finden und potenzielle
Klienten inspirieren."

Auch ich habe mich damals an meiner „perfekten" Visiten-karte und dem Design festgebissen. Ich konnte mich einfach nicht entscheiden: Name, Claim, Logo – nichts fühlte sich optimal an. Meine damalige Mentorin wies mich darauf hin: „Deine Visitenkarte wird dein Leben nicht ändern. Sie dient nur dazu, Erst-Kontakte zu knüpfen. Deinen Perfektionsanspruch haben deine potenziellen Kunden nicht. Sie fragen sich eher, was sie von deinem Angebot haben. Also: Drucke deine Visitenkarten und komm ins Handeln!"

Das half mir, meinen Perfektionismus zu überwinden und innerhalb weniger Stunden meine erste Karte zu drucken – schlicht und klar: Logo, Name, Kontaktdaten, fertig. Die Schrift war zwar etwas klein, aber es funktionierte! Die Gespräche konnten beginnen. Die positiven Reaktionen auf meine Visitenkarten hatten mich echt überrascht!

Heute sieht die Karte anders aus – aber ich bin immer noch dankbar für diesen Schupser, der mich weg von perfektem Design hin zum echten Austausch geführt hat.

„Perfektion hält dich nur auf!
Deine Kunden wollen nicht
das perfekte Design, sondern den echten Kontakt.
Die Wellenlänge ist entscheidend."

Vier Gründe, nicht mit dem Design zu starten

Falls du die Leistung eines ausgefeilten Designs immer noch priorisierst, dann bedenke diese drei Argumente, um den richtigen Umgang mit dem Design und einer funktionierenden Website zu finden:

1. Am Anfang bist du noch unbekannt.

Deshalb wird deine Website nur wenige Besucher anziehen. Wahrscheinlich sind es zuerst hauptsächlich Freunde und Bekannte. Du musst noch nicht perfekt sein. Egal, ob dir gegenüber Bedenken geäußert werden oder du ein besonders gutes Feedback bekommst: All

das kommt nicht von deiner Zielgruppe, sondern vorwiegend Menschen, die dich kennen oder dir wohl gesonnen sind. Sie werden deine Inhalte ganz anders betrachten als deine Wunschkunden oder Google. Denke daran: Die Optimierung deiner Website inklusive des Designs sollte mit Hilfe deiner potenziellen Kunden erfolgen. Nur was sie anspricht, wird sich verkaufen.

2. Echte Inhalte vereinfachen das Design.

Anhand deiner Texte und Bilder kannst du besser beurteilen, welches Design du benötigst. Mit jedem neuen Inhalt wirst du ein besseres Gespür dafür entwickeln, welche Design-Elemente deine Angebote glaubhaft präsentieren. Dein Sprachstil und deine Wortwahl tragen wesentlich zur Markenpersönlichkeit bei. Beginne zuerst mit dem Schreiben, bevor du dich intensiv mit dem Design beschäftigst. Hast du erst die richtigen Worte gefunden, wird die Bildauswahl zu einem Kinderspiel. Meine Erfahrung aus mehr als 30 Jahren Webdesign: Warte mit größeren Design-Entscheidungen, bis du mindestens drei bis fünf Blogartikel veröffentlicht hast. Dann verstehst du die Anforderungen der Suchmaschinen besser und hast bereits erste Erfahrungen mit Menschen aus deiner Zielgruppe gesammelt.

3. Die mobile Ansicht auf kleinen Bildschirmen dominiert.

Die meisten Besucher werden deine Website auf dem Handy aufrufen. Diese Geräte sind sehr klein und haben ein Hochformat. Sie bieten wenig Platz für ein ausgefeiltes Design. Auf kleinen Geräten ist die Gestaltung weniger wichtig als auf der großen Desktop-Version. Deshalb solltest du auf wertvolle Inhalte, eine schnelle Ladezeit und gute Lesbarkeit achten. So sicherst du dir eine gute Auffindbarkeit und einen oberen Platz in den Suchergebnissen.

4. Deine Botschaft – Sprache vor Design.

Als Coach zählt vor allem die Wellenlänge zu deinen Klienten. Sie entscheiden nicht nach Design, sondern ob sie sich verstanden fühlen: Passt dieser Coach zu mir? Versteht er mich? Bringt er mich weiter? Finde zuerst die richtigen Worte, schaffe Vertrauen schaffen, zeige Kompetenz zeigen und stelle eine Verbindung her. Erst wenn dein Content überzeugt, fühlen sich Menschen angezogen und aus Besuchern werden Klienten.

Mein Quick-Tipp:

So verlockend es auch sein mag: Engagiere nicht gleich zu Beginn einen Designer, um eine aufwendige Website zu erstellen. Denn es ist wie bei der Wohnungseinrichtung. Stell dir deine Website wie einen leeren Raum in einem neuen Haus vor. Zu Beginn richtest du ihn mit den schönsten Möbeln und Dekorationen ein. Erst wenn du dort wohnst, merkst du, wie du den Raum tatsächlich nutzt: Wo du dich am häufigsten aufhältst, was dir fehlt, was dich stört. Vielleicht stellst du fest, dass der schöne Sessel in der Ecke zwar toll aussieht, aber unpraktisch ist. Du beginnst, Möbel umzustellen, Dekorationen hinzuzufügen oder zu entfernen, um den Raum funktionaler und wohnlicher zu gestalten.

Ähnlich verhält es sich mit deiner Website. Zu Beginn sieht alles gut aus. Erst durch die Interaktion mit deinen Kunden erkennst du, was wirklich ankommt. Mit jeder neuen Erfahrung, mit jedem Feedback stellst du die Inhalte und Strukturen deiner Website um, bis daraus eine Website entsteht, die zu deiner Zielgruppe passt. Investierst du gleich am Anfang in ein professionelles Design, besteht die Gefahr, dass das Ergebnis beliebig und austauschbar wirkt.Du gibst viel Geld aus, bevor du überhaupt ein Gefühl für die Inhalte deiner Website und Marke hast.

Beginnst du mit Blogartikeln, dem Veröffentlichen von Inhalten und der Kundenkommunikation, entwickelst du ein Gespür für deine Unternehmenspräsentation. Daraus entsteht eine Website, die zu dir und deinen Kund*innen passt. Das ist wie ein Raum, der deine Persönlichkeit widerspiegelt und in dem du dich voll entfalten kannst. Erst wenn du das herausgefunden hast könntest du ein klares Briefing für einen Designer erstellen.

Tipp: Das Gleiche gilt für deine Startseite. Sie sollte die Essenz von dir und deinem Angebot sein. Das ist für die meisten jedoch am Anfang eine zu hohe Hürde.

„Beim Webdesign ist es wie bei deinem Wohnzimmer: Eine schnelle Komplett-Einrichtung mag sehr schick sein, fühlt sich jedoch nicht wie dein Zuhause an."

Die Währung im Netz ist nicht das Design

Im Internet gibt es eine entscheidende Zutat, ohne die Erfolg unmöglich ist: hochwertige Inhalte. Nur diese bestimmen, ob Google und Co. deine Seite anzeigen und du unter den relevanten Ergebnissen auftauchst. Suchmaschinen interessieren sich nicht für ein schickes Design oder ein hübsches Logo, sondern für wertvolle Inhalte, die potenzielle Kunden wirklich lesen möchten.

Starte mit einem Blog

Fokussiere dich zuerst auf deine Inhalte. Das Design kann später folgen. Um nicht in die „Aufschieberitis"-Falle zu tappen, starte mit einem Blog. Wähle ein Thema, über das du stundenlang erzählen könntest und notiere dir alles. Das Schreiben gibt dir Mut und Sicherheit. Mit der Zeit wirst du Freude am Veröffentlichen finden. Überlege dir 2-5 Themen, suche passende Überschriften und notiere deine Gedanken. So bleibt dein Kopf frei und du kannst dich besser fokussieren.

Starte NICHT mit diesen Themen

Keine schwierigen oder kontroversen Themen:
Sie haben „Shitstorm-Potenzial" und überfordern schnell. Verzichte daher auf heiß diskutierte oder politische Inhalte, Schimpftiraden oder persönliche Geständnisse. Polarisiere nicht!

Sehr komplexe Sachverhalte:

Umfangreiche und vielschichtige Anleitungen bergen ein hohes Potenzial, den Faden zu verlieren. Sehr lange Artikel mit vielen Überschriften und Unterüberschriften sowie einer detaillierten Gliederung sind anfangs ungeeignet. Für solche Beiträge benötigst du viel Zeit, was eher bremst. Achte stattdessen auf einfache und schnelle Veröffentlichungen.

Vermeide Rechtfertigungen:

Artikel wie „Warum ich jetzt mit dem Bloggen anfange" interessieren deine Leser nicht. Sie möchten zwar wissen, was du tust, aber nicht, warum du nicht früher angefangen hast. Deine Leser möchten dich kennenlernen, mehr über deine Besonderheiten, Angebote und deine Erfahrungen lesen. Schreibe also darüber, was die Menschen von dir haben und warum du dein Thema gefunden hast.

Verzichte auf Artikel mit über 2.000 Wörtern.

Vermeide anfangs ellenlange Blogartikel. Denke an deine mobilen Leser, die nur einen kurzen Zeitraum zum lesen haben. Dein Ziel ist es, sie zu deinem Angebot hinzuführen. Bei vorzeitigem Abbruch ist das nicht möglich. Ein weiterer Vorteil kurzer Artikel ist, dass du nicht in Versuchung kommst, immer wieder etwas optimieren zu wollen. Das ist oft der Grund, warum manche Themen nie veröffentlicht werden und ihr Dasein als ewigen Entwurf fristen.

Themen für den perfekten Start

Wie bist du zu deinem Thema oder deinem Business gekommen?
Haben dich deine Bedürfnisse dazu gebracht oder haben dich andere immer wieder um Rat gebeten?

Schreibe einen Rückblick:
Wie kam es dazu, dass du deine Bestimmung gefunden hast? Beschreibe das kurz.

Z.B. ein Rezept, eine Reparaturanleitung oder eine Handarbeitsanleitung?
Nutzt du für dich Checklisten und Anleitungen? Schreibe darüber, welche es sind und wie du sie nutzt.

Erstelle ein Glossar oder je Begriff einen Blogartikel:
Erläutere Fachbegriffe oder spezielle Methoden, mit denen du gute Erfahrungen gemacht hast.

Schreibe über dich:
Welche Ausbildung hast du und was zeichnet dich aus? Menschen kaufen immer von Menschen – deine Persönlichkeit macht den Unterschied! Persönlichkeit zählt.

Fokussiere dich auf Evergreen-Content:
Er bleibt dauerhaft relevant und sorgt für schnelle Ergebnisse. Halte deine Ideen auf der folgenden Doppelseite fest. Versuche dabei nicht zu werten, schreibe einfach alles auf. So merkst du schnell, welche Inhalte dir am wichtigsten sind.

Dein Ideen-Board

Sammle deine Ideen für Blogartikel und notiere sie dir in Stichpunkten.

Sammeln für deinen Blog! Sammle hier alle Ideen für Blogartikel und notiere sie. Bekommt du von einer Freundin eine interessante Frage zu deinem Thema? Oder eröffnet dir eine Kundin eine neue Perspektive auf deine Branche? Wenn ein Thema in deinem Umfeld immer wieder auftaucht, halte es sofort fest! Du findest dann alles an einem Ort und kannst jederzeit darauf zurück greifen.

Anregungen und neue Ideen finden

Nutze diese Doppelseite und schreibe dir deine Themen auf! Am besten notierst du Probleme oder Fragen, für die du Lösungen bietest oder auf die potenzielle Kund*innen Antworten suchen.

So beschert dir Amazon eine reiche Ideenliste: Schau bei den Büchern in Amazon, die sich mit deinem Thema beschäftigen. Wähle vor allem die Bücher, die auf den Bestsellerlisten ganz oben stehen. Dann schaust du ins Inhaltsverzeichnis und schreibst dir wichtige Überschriften heraus. Diese Überschriften musst du umformulieren, sodass sie etwas knackiger und herausfordernder klingen. Fertig! Du hast dein Thema und schreibst dazu passende Seiten oder Artikel. Wichtig: Jeder Artikel soll nur einen Ausschnitt behandeln – keinen allumfassenden Bericht, der alle Details beleuchtet.

Übung macht den Meister

Beginne im ersten Schritt damit zu beschreiben, warum du dein Thema verfolgst und wie du zu deinem Businessmodell gefunden hast. Starte mit einem Blogartikel und schreibe dabei locker. Daraus kannst du später eine großartige „Über-mich"-Seite gestalten. Die Vorarbeit hast du bereits erledigt, denn am Anfang dieses WorkBooks hast du dich mit deinen Besonderheiten auseinandergesetzt. Integriere sie.

Beginne damit, dir die wichtigsten Lebensschritte in der zeitlichen Abfolge aufzuschreiben. Vielleicht kommen dir zu diesen Abschnitten Zitate oder Erinnerungen in den Sinn, die auch heute noch Bedeutung haben. Oft fügen sich diese Etappen wie Puzzleteile zusammen und ergeben rückblickend ein stimmiges Gesamtbild.

Deine ersten Website-Inhalte

Starte mit den Themen, über die du mit Leichtigkeit berichten kannst.

Website-Besucher sind wie Spamfilter

 Bei Werbung schalten viele Nutzerinnen ab und verlassen deine Website mit einem Klick. Daher solltest du nicht direkt mit deinen Produkten starten, sondern auf die Punkte eingehen, die du zuvor (S. 24/25) notiert hast. Kombiniere diese Inhalte und beantworte Fragen, die dir häufig gestellt werden oder biete Lösungen für gängige Probleme an. Schreibe immer aus der Perspektive deiner potenziellen Kunden und deren Bedürfnissen!

Beantworte in jedem Text nur eine Frage oder biete eine Lösung an. In deinen Texten kannst du zum einen auf Kundenanfragen eingehen, eine Lösung für ein Problem beschreiben oder deine Produkte mit ihren Besonderheiten vorstellen. Bitte immer aus der Perspektive deiner Wunschkunden, in ihren Worten und mit ihren Fragestellungen! Frage dich stets: „Was wünscht sich mein Kunde oder der Leser? Welchen Nutzen hat er/sie davon?"

Die Aufteilung der Artikel ist dabei völlig egal! Wichtig ist nur, dass du 2-3 Themen findest, aus denen sich jeweils ein Blogartikel ergibt, und dass du dabei immer aus Kundensicht schreibst. Stelle dir bei all deinen Texten diese entscheidende Frage: Warum sollte meine Kund*in das Produkt bei mir kaufen oder meine Artikel lesen? Welche Transformation erwartet sie oder er? Was ändert sich mit meinem Angebot für meine Kunden?

Gehe wie folgt vor:

1. Notiere dir eine klare Frage oder ein Problem. Alternativ kannst du auch dein Produkt aufschreiben.
2. Finde eine Überschrift und verwende mindestens ein emotionales Wort, z. B. „Blamiere dich nicht mit diesen 5 Anfängerfehlern" oder „3 einfache Schritte, mit denen du morgen bereits die ersten Leser*innen bekommst".
3. Recherchiere Fakten zu deinen Artikeln. Schreibe einen Text mit Spannung und Witz, der deine Leser*innen in den Bann zieht. Mache viele Absätze und verwende Überschriften.Finde deine individuellen Formulierungen.
4. Such dir jeweils ein passendes Hauptbild und – wenn du möchtest – weitere Bilder, die den Text unterstreichen.
5. Überarbeite deinen Text! Aber bitte einen Tag später, denn dann beißt du dich nicht an Kleinigkeiten fest, sondern findest schneller neue Formulierungen. Nutze gerne auch die Hilfe von ChatGPT.

„Fange an mit den Themen, bei denen deine Gedanken nur so fließen und deine Hand wie von selbst über das Papier gleitet."

Strukturiere dein 1. Thema

Finde Inhalte und strukturiere sie. Beachte das Vorgehen im Kästchen unten rechts.

Es gibt viele Methoden, um ein Thema zu strukturieren. Ich empfehle dir dafür das Mindmapping. Stell dir ein Bild als Beispiel vor: Du kannst damit deine Themen visuell ordnen und Verbindungen zwischen den verschiedenen Aspekten herstellen. Setz dabei die „Verkäuferbrille" auf und überlege dir, welche Inhalte du brauchst, um dein Produkt erfolgreich zu verkaufen. Diese Kernelemente sind die wichtigsten Inhalte, die unbedingt in deinen Text gehören. Achte darauf, nicht mehr als 2.000 Wörter zu schreiben, damit deine Botschaft klar und prägnant bleibt.

2daywebsite.de/mindmapping

@2DayWebsite

Strukturiere dein 2. Thema

Finde Inhalte und strukturiere sie. Beachte das Vorgehen im Kästchen unten rechts.

Es gibt viele Methoden, um ein Thema zu strukturieren. Ich empfehle dir dafür das Mindmapping. Stell dir ein Bild als Beispiel vor: Du kannst damit deine Themen visuell ordnen und Verbindungen zwischen den verschiedenen Aspekten herstellen. Setz dabei die „Verkäuferbrille" auf und überlege dir, welche Inhalte du brauchst, um dein Produkt erfolgreich zu verkaufen. Diese Kernelemente sind die wichtigsten Inhalte, die unbedingt in deinen Text gehören. Achte darauf, nicht mehr als 2.000 Wörter zu schreiben, damit deine Botschaft klar und prägnant bleibt.

2daywebsite.de/mindmapping

Strukturiere dein 3. Thema

Finde Inhalte und strukturiere sie. Beachte das Vorgehen im Kästchen unten rechts.

2daywebsite.de/mindmapping

Es gibt viele Methoden, um ein Thema zu strukturieren. Ich empfehle dir dafür das Mindmapping. Stell dir ein Bild als Beispiel vor: Du kannst damit deine Themen visuell ordnen und Verbindungen zwischen den verschiedenen Aspekten herstellen. Setz dabei die „Verkäuferbrille" auf und überlege dir, welche Inhalte du brauchst, um dein Produkt erfolgreich zu verkaufen. Diese Kernelemente sind die wichtigsten Inhalte, die unbedingt in deinen Text gehören. Achte darauf, nicht mehr als 2.000 Wörter zu schreiben, damit deine Botschaft klar und prägnant bleibt.

TUN IST WIE DENKEN

NUR KRASSER!

Deine Startseite: So leicht funktioniert's

In den ersten Kapiteln des Buches hast du dir Gedanken um dich und deine Besonderheiten gemacht, die ersten Inhalte geplant und geschrieben. Jetzt fehlen nur noch die Artikel für die Startseite deiner Internetseite.

„Eine gute Startseite ist so einfach wie ein vierteiliges Puzzle!"

In diesem Teil des WorkBooks geht es darum, welche Inhalte deine Startseite und deine Homepage braucht und wie du sie zusammenstellst, um sie zu veröffentlichen.

Ich habe auch dafür eine genial einfache Lösung für dich: Denn wenn du wie beschrieben vorgehst, kannst du deine Startseite wie ein 4-teiliges Puzzle zusammensetzen.

So funktioniert's in Kürze:

Platziere all deine Artikel mit einem Einleitungstext als Teaser auf der Startseite. Alle gemeinsam ergeben sie ein schlüssiges Bild von dir: deine potenziellen Kunden lernen dich kennen, können sich mit deinen Angeboten und deinen Besonderheiten vertraut machen sowie direkt Kontakt aufnehmen.

Perfekt! Das ist genau das, was eine optimale Homepage im ersten Schritt leisten kann. Deine erste Website ist fertig!

Ab sofort hast du genügend Freiraum, um dich voll und ganz auf deine Kunden zu konzentrieren. Du kannst entspannt an deiner Website arbeiten, wann immer es dir passt – ganz ohne Stress! Mit jedem weiteren Artikel auf deiner Homepage sammelst du mehr Erfahrung, lernst deine Kunden besser kennen und gewinnst wertvolle Einblicke in die Suchmaschinen-Optimierung (SEO).

Das bedeutet: Kein unnötiges Geld verbrennen sondern mehr Klarheit – für dich und deine Kunden! Du bist nicht nur immer und überall sichtbar, sondern kannst auch neue Kunden akquirieren, erste Einnahmen erzielen und deine Inhalte vielseitig weiterverwenden.

Perfekt, oder? Anstatt dich mit Gedanken wie „Ich müsste doch zuerst XYZ erstellen" zu blockieren, präsentierst du deine Expertise von Anfang an.

Du kommst ins Gespräch, tauschst dich mit deinen Kunden aus und kannst gezielt auf ihre Wünsche eingehen. Das versetzt dich in die Lage, erste Aufträge erfolgreich abzuwickeln und Umsatz zu generieren. Gleichzeitig sammelst du wertvolle Erfahrungen und kannst deine Traum-Website stressfrei und Schritt für Schritt anpassen – ganz individuell auf deine Bedürfnisse und die deiner Kunden abgestimmt.

„Deine Startseite zeigt dein Business in Kurzform."

Aber du denkst...

Ich wollte doch viel mehr: eine Positionierung, ein Logo UND ein supertolles Design! Kein Problem: Du hast jetzt genügend Zeit daran zu arbeiten und kannst bei der Weiterentwicklung deine Kunden mit einbeziehen.

Diese Vorgehensweise garantiert dir, dass du nicht an deinen Kunden vorbei entwickelst, sondern ihre Anforderungen und Erwartungen berücksichtigst. Die meisten meiner Kund*innen schärfen so ihr Angebot, vermitteln ihre Kompetenz und bauen das nötige Vertrauen für den ersten Auftrag aus.

Nach und nach entsteht deine authentische Website mit einer unschlagbaren Positionierung, die deine Zielgruppe magisch anzieht.

Was eine gute Positionierung mit der Zeit zu tun hat...

Eine starke Marke und eine klare Positionierung entstehen nicht über Nacht. Damit deine Zielgruppe mit dir und deinem Angebot etwas verbinden kann, braucht es einen klugen Mix aus Zeit und Geld. All die großen Marken wie BMW, Adidas und Apple haben lange an ihrer Bekanntheit gearbeitet. Sie haben kontinuierlich und clever in ihre Website, Werbemittel und Kommunikation investiert und diese stets am Kundennutzen ausgerichtet. Zusammen mit einer verlässlichen Qualität haben sie ihre Marke groß werden lassen. Heute haben die Apple-Kunden ein klares Bild im Kopf, was sie bekommen, wenn sie ein Produkt der Marke sehen und kaufen.

Das kannst du für dich daraus lernen:

Arbeite nachhaltig und Schritt für Schritt an einem konsistenten Auftritt. Beginne damit, den Kundennutzen zu formulieren und deine Website umzusetzen. Suche den Austausch mit deinen potenziellen Kunden und lerne, wie und mit welchen Prioritäten du am besten kommunizierst. Durch die regelmäßige Auseinandersetzung mit deinen Argumenten und Formulierungen auf deiner Homepage gewinnst du mehr Sicherheit für kommende Verkaufsgespräche.

Das Bewusstsein für deine Leistung und Kompetenz bringt dich weiter als jeder einmalige Positionierungs-Workshop.

„Eine starke Marke entsteht aus den positiven Erlebnissen, dem Feedback und dem gewachsenen Vertrauen deiner Zielgruppe."

Konkret bedeutet das:

Starte mit kleinen aber wirkungsvollen Schritten, die in dasVertrauen deiner potenziellen Kunden investieren. Überlege, was du an ihrer Stelle bräuchtest, um eine Kaufentscheidung zu treffen. Gezielte Kommunikation ist alles!

Positionierung braucht Zeit und ist wie ein Puzzle

Viele kleine Puzzleteile formen nach und nach das Bild deiner Marke in den Köpfen deiner Zielgruppe. Arbeite deshalb langfristig und strategisch an deinen Website-Inhalten. Beschäftige dich mit deinem Angebot und frage danach, wem du damit am meisten helfen kannst. Sicher kennst du ein paar Menschen, die deine Expertise schon einmal gelobt haben. Orientiere dich an ihren Fragen und Wünschen. Entwickle so deine individuelle Unternehmer*innen-Persönlichkeit. Damit gestaltest du das Bild aktiv und deine Marke entsteht organisch.

Die 3 wichtigsten Zutaten für dein Business

Was du am Anfang wirklich brauchst, sind nur drei Zutaten für ein solides Business:

- **deine Klarheit,**
- **authentische Inhalte und**
- **den Mut umzusetzen.**

Du hast deine Schwerpunkte, deine Besonderheiten herausgearbeitet und dich auf die Bedürfnisse deiner Kunden fokussiert – ein großartiger Start! Erstelle jetzt deine „Über-mich-Seite" aus der Sicht derer, die deine Arbeit bereits schätzen! Denk dabei an deine bisherigen Erfolge und an das Lob, das du erhalten hast. Schreibe diese Seite so, als wäre sie eine „Für-dich-Seite" für deine Leser: Zeige klar den Nutzen auf, den deine Zielgruppe von dir hat.

2daywebsite.de/ueber-mich-seite

Für mehr Tipps und weitere Beispiele findest du auf meiner Website weiterführende Infos! (siehe folgende Seite mit Informationen und QR Code).

All deine in diesem WorkBook erarbeiteten Inhalte stellst du auf der Startseite dar. So entsteht deine Website wie von selbst. Deine Homepage zeigt dann folgende Inhalte:

• 2-3 Blogartikel, die Fragen deiner Kunden beantworten

• deine Über-mich-Seite

• Kontaktdaten

• die nötigen Rechtstexte

Damit steht deine erste Online-Präsenz, mit der du neue Kunden gewinnen und erste Erfolge feiern kannst.

Im Austausch mit deinen Nutzern und mit jeder neuen Business-Erfahrung wächst du weiter. Je schneller du veröffentlichst desto eher verdienst du Geld. Nur durch Handeln und Umsetzen erreichst du, was du dir wünschst. **Beginne deshalb jetzt damit, deine Über-mich-Seite zu formulieren!**

„Mach dir keinen Stress!

Perfektion ist eine Illusion."

Deine Über-mich-Seite

Vielleicht denkst du, dass du im Gedächtnis deiner Kunden bleibst, wenn du eine außergewöhnliche Positionierung hast und wertvolle Informationen lieferst? Weit gefehlt! Das behaupten viele von sich, aber solche Informationen findet man heutzutage an jeder Ecke. Genau wie den nächsten Coffee-to-go oder die x-te Motivations-Postkarte.

In Erinnerung bleiben...

In Erinnerung bleiben nur die Menschen mit Charakter. Nicht die mit dem Allerweltsgesicht, sondern die mit Ecken und Kanten, mit Persönlichkeit und klarer Meinung. Einfach die, die interessant sind. Das gilt auch im Business und für Selbständige.

Sorge also dafür, dass deine Website genau eines zeigt: deinen unverwechselbaren Charakter. Und wie geht das? Mit einer authentischen Über-mich-Seite, auf der du dich genauso präsentierst, wie du wirklich bist – ohne Schnick-Schnack und leere Phrasen.
Das ist 1.000-mal wirkungsvoller als die üblichen glatt gebügelten und austauschbaren Positionierungen.

Kunden suchen im Netz...

Deine Website ist bei einer Suche nach einer Problemlösung meistens der erste Kontaktpunkt für potenzielle Kunden. Genau hier entscheidet sich, ob sie bleiben, weiter scrollen oder weg klicken. Menschen sind neugierig. Sie wollen dabei mehr über die Personen hinter den Angeboten erfahren. Deshalb kommt deiner „Über-mich-Seite" eine Schlüsselfunktion zu. Aufgrund ihres Stellenwertes sollte sie deshalb eher „Für-dich-Seite" heißen. Jetzt mal ehrlich: Wen interessiert schon eine Selbstdarstellung, die nur deine Kompetenzen und Karriereschritte zeigt?

„Es geht nicht darum, wie toll du bist. Es geht darum, deinen Besuchern das Gefühl zu geben, dass sie bei dir genau richtig sind."

Zeig ihnen, dass du ihre Anliegen verstehst und die passenden Antworten hast, dass du ihre Herausforderungen kennst und weißt, wie man sie meistert. Zeig ihnen, was sie von dir haben, wenn sie dir folgen, bei dir kaufen oder sich in deinen Newsletter eintragen. Gib darauf eine möglichst persönliche Antwort, die aus deinem Herzen kommt.

Deine Zielgruppe sucht keine Worthülsen sondern echte Unterstützung und wertvolle Einblicke. Sie wollen spüren, dass du ihnen zuhörst und für sie da bist.

Diese Punkte sollten Bestandteil deiner Über-mich-Seite sein:

1. Sei einfach du selbst! Reduziere Berührungsängste.

Einige Kunden trauen sich nicht, nötige Informationen zu erfragen. Hilf deinen Besuchern, diese Hemmschwelle zu überwinden.

Eine erfolgreiche Über-mich-Seite zeichnet aus:

• Ein Foto von dir mit einem offenen ansprechenden Lächeln,

• Unkomplizierte Kontaktmöglichkeiten.

• Ein vertrauensfördernder Einblick in deine Persönlichkeit.

2. Dein Thema und deine Erfolge:

Erzähl deine Geschichte sowohl beruflich als auch persönlich und finde die richtige Balance. Zeige deine Expertise und dein Know-How, ohne Übertreibungen und ohne Superlative. Menschen suchen echte Menschen. Deine Besucher sollen spüren, dass du der/die richtige Partner*in bist. Nutze die Folgeseite um diese Inhalte zu entwickeln.

3. Der Nutzen für deine Zielgruppe:

Was bekommen die Leser tatsächlich von dir? Beispiele: "Du erhältst Tipps und Anregungen, wie du mit täglichen Fitnessübungen zu Hause deine Wunschfigur erreichst." ODER: "Bei mir lernst du, wie du als Künstler von deinen Bildern leben kannst." Hilf deinen Website-Besuchern mit klaren Aussagen, unter denen sie sich etwas vorstellen können. Nutze die Folgeseite um einen für dich passenden Text zu entwickeln.

4. Binde deine Leser langfristig an dich:

Das funktioniert, wenn du ihnen wertvolle Recherche-Zeit sparst, indem du für sie lesenswerte Informationen und Lösungen aufbereitest. So sorgst du dafür, dass sie deine Seite regelmäßig besuchen.

a) Newsletter:
Biete eine einfache Möglichkeit, sich für deinen Newsletter anzumelden. Deine Leser interessieren sich für deine Inhalte, vergib diese Chance nicht!

b) Soziale Medien:
Zeige, wo du erreichbar bist. Ermögliche es deinen Lesern, sich mit dir über Social Media zu vernetzen.

c) Kontaktformulare:
Biete einfache Kontaktmöglichkeiten an, über die Leser dir schnell schreiben können.

d) Referenzen und Kundenstimmen:
Platziere deine Erfolge und positiven Rückmeldungen gut sichtbar auf deiner
Website.

e) Persönliches:
Sorge für persönliche Momente und zeige Fotos von dir in Netzwerken, bei Veranstaltungen und privaten Unternehmungen.

Schreib los!

Finde den Kunden-Nutzen

Deine Kunden interessieren sich dafür, ein spezielles Problem zu lösen. Je präziser du dein Angebot auf diesen „Schmerzpunkt" ausrichtest, desto besser wird sich dein Angebot verkaufen. Arbeite den Nutzen für deine Kunden heraus und beantworte folgende Fragen:

Welches konkrete Ziel erreichen deine Kunden durch dich?

Warum ist das Angebot wichtig für sie?

Male ein Zukunftsbild: Wie sieht die Zukunft deiner Kunden durch die Nutzung deines Angebotes aus? Wie werden sie sich fühlen?

Wie funktioniert dein Angebot? Welche Schritte sind nötig?

Warum soll dein Kunde JETZT kaufen?

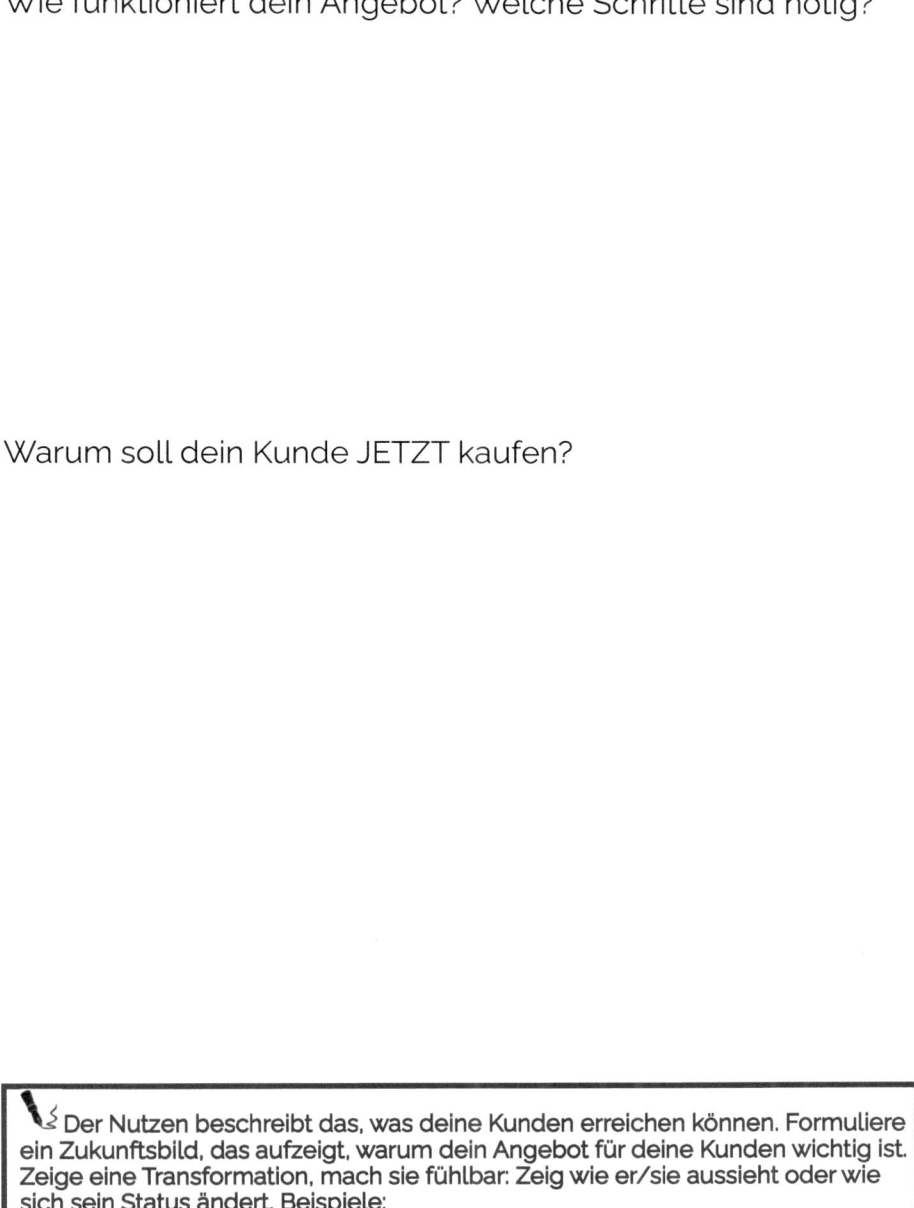

Der Nutzen beschreibt das, was deine Kunden erreichen können. Formuliere ein Zukunftsbild, das aufzeigt, warum dein Angebot für deine Kunden wichtig ist. Zeige eine Transformation, mach sie fühlbar: Zeig wie er/sie aussieht oder wie sich sein Status ändert. Beispiele:
Du bist Spezialist für Allergiker-Hunde: *Füttere sorgenfrei und genieße ein entspanntes Leben mit deinem vierbeinigen Liebling.*
Du bist Social Media Experte: *Ich zeige dir, wie du jede Woche 10 Stunden deiner Arbeitszeit einsparst und sogar sichtbarer wirst.*
Du bist Vertriebs-Coach: *Mit mir lernst du wertvolle Strategien für den Vertrieb und gewinnst spielend neue Kunden.*

Die Über-mich-Seite!

Im Klartext: Erarbeite dir deine „Über-mich-Seite" als ob du eine „Für-dich-Seite" erstellst. Formuliere alle Inhalte so, dass echtes Vertrauen zur dir entsteht.

1. Dein Name und dein Thema

2. Wie würdest du dich in Kürze bei einem Business-Gespräch vorstellen?

3. Ein Foto, auf das du schon viel positive Resonanz bekommen hast.

4. Dein persönliches „Warum"!

5. Beweise für deine Kompetenz:

6. Welche Erfahrungen hast du bereits gemacht? Liste sie hier auf.

✎ Diese Seite soll deine Persönlichkeit unterstreichen, Denn Menschen kaufen von Menschen. Nur wenn deine potenziellen Kunden dir vertrauen und das Gefühl der „gleichen Wellenlänge" haben, werden sie mit dir zusammenarbeiten.

WordPress ANLEITUNG

UND MEHR!

Das hast du erreicht!

Wunderbar, du hast es geschafft! Du hast mit Hilfe des WorkBooks alle Inhalte für deine erste Website erstellt und kannst dich wirkungsvoll präsentieren. Jetzt geht es darum, die Inhalte auszuformulieren und auf deine Website zu übertragen. Potenzielle Kunden können dich dann von überall erreichen.

Deine Ergebnisse:

• Du hast dich reflektiert!
• Du bist dir deiner Stärken und Kompetenzen bewusst!
• Du hast dir Ziele geschärft!
• Du hast eine erste Positionierung!
• Du kannst dein Business sicher präsentieren!
• Du hast dir alle nötigen Inhalte für deine Website erarbeitet!
• Du hast Klarheit, wie du deine Website aufbaust!

Du bist jetzt gut vorbereitet, um deine eigene Website zu erstellen.

„Tun ist wie denken

nur krasser!"

So erstellst du deine erste Website!

EINFACH umsetzen – das ist meine Empfehlung für alle, die ihr Business starten möchten und auf Erfolg setzen. Als Software nutze ich WordPress. Sie ist kostenlos, einfach zu bedienen und flexibel zu erweitern. Du kannst mit einem geringen Budget starten sowie nach und nach Funktionen ergänzen - viele sogar kostenlos.

So installierst du WordPress inkl. Domain und Hosting

Falls du noch keine Erfahrung mit WordPress hast, nutze meine ausführliche Anleitung auf der Website (siehe QR-Code). Da sich Ansichten und Prozesse häufig ändern, aktualisiere ich die Vorgehensweise regelmäßig, sodass du immer die neuesten Informationen findest. Melde dich bei Fragen gerne. Hier ist deine Kurzfassung.

1. Hosting besorgen

Hosting-Unternehmen gibt es wie Sand am Meer. Wähle dir eines aus und schließe einen Hosting-Vertrag ab. Enthalten sind eine oder mehrere Domains, die du gleich registrieren kannst.

2daywebsite.de/hosting

Kleiner Tipp: Achte darauf, dass ein SSL-Zertifikat enthalten ist.

2. Domain registrieren

Du registrierst dir deine Wunsch-Domain.

2daywebsite.de/domain

3. WordPress installieren
Du installierst WordPress automatisiert über deinen Provider.

2daywebsite.de/anleitung-wordpress-installieren

4. WordPress einrichten
Du richtest WordPress ein und sorgst für die richtigen technischen Einstellungen.

Nachdem du WordPress installiert hast, beginne mit dem Einfügen deiner erarbeiteten Inhalte. Gehe wie folgt vor:

5. Schritt
Erstelle 2 Seiten: Eine ist das Impressum und die andere ist die Datenschutzerklärung. Füge die jeweiligen Texte ein und veröffentliche sie.

2daywebsite.de/rechtliches

6. Schritt
Ergänze deine ersten 2-3 Artikel/Beiträge. Die Inhalte hast du bereits festgehalten. Gehe bei deinen Texten wie folgt vor:

- Du nimmst die Notizen aus dem WorkBook und formulierst einen ersten ansprechenden Text.

- Erstelle deine Gliederung: Sortiere deine Notizen.

- Formuliere die Texte zu jedem Gliederungspunkt aus.

- Finde zu jedem Abschnitt eine ansprechende Überschrift.

- Hast du alle Texte zu den Abschnitten formuliert, versuchst du mehrere Abschnitte unter einer Hauptüberschrift zusammenzufassen. Formuliere sie möglichst emotional.

Simplify Your Website

- Wiederhole diese Schritte und erstelle mindestens 3 Artikel! So kommst du in Übung und verlierst die Scheu vor dem Schreiben und dem Veröffentlichen.

Wenn du magst, kannst du dir von ChatGPT helfen lassen. Meine Lieblingstools mit Anleitungen findest du auf meiner Website. Scanne dazu einfach den folgenden QR-Code.

7. Schritt
Kümmere dich um deine „Über-mich-Seite". Die ersten Inhalte hast du bereits auf Seite 106/107 erarbeitet. Erstelle daraus einen ansprechenden Text.

2daywebsite.de/ai-und-ki

8. FERTIG!
Veröffentliche all deine Seiten und suche den Kontakt zu deinen potenziellen Kunden. Sprich mit ihnen über deine Angebote. Frage, was sie sich wünschen. Passe deine Website und die Inhalte entsprechend an.

So geht's weiter:
Du hast WordPress installiert, aber die Darstellung überzeugt dich noch nicht? Ich empfehle dir gerade jetzt erst einmal mehr Inhalte zu veröffentlichen. Orientiere dich unbedingt an den geführten Gesprächen, sammle weitere Erfahrungen und teste den WordPress Editor.

Kleiner Tipp: Sollte dir das zu lange dauern, kannst du einige Hürden direkt überspringen und den Kurs „2DayWebsite" buchen.

2daywebsite.de/buchung

Google und Du:
Da Google ca. 6-8 Wochen braucht, deine Seite zu entdecken, hast du genügend Zeit, diese in Ruhe zu optimieren.

Du kannst deine Anzeige-Wahrscheinlichkeit bei Suchmaschinen erhöhen, indem du regelmäßig Änderungen auf deiner Homepage vornimmst. So lernt die Maschine, dass du keine Eintagsfliege bist sondern am Ball bleibst. Am Anfang sind die Besucherzahlen deiner Website noch so gering, dass dir genügend Zeit zum Austesten bleibt. Du kannst also ganz entspannt lernen und optimieren.

Kleiner Tipp: Im Webdesign und bei Google ist es wie in jeder guten Beziehung: Das Kennenlernen und Vertrauen aufbauen ist das A und O.

„Google und Du:

ihr müsst euch erst einmal

beschnuppern!"

Geschafft! Deine erste Website ist live.

Du hast viele Erfahrungen gesammelt sowie das Wichtigste über WordPress und Google gelernt. Darauf kannst du echt stolz sein!

Überlege dir weitere Themen, die für deine Kunden interessant sein könnten. Erstelle dir daraus eine Liste für neue Blogartikel-Inhalte. Je öfter du etwas veröffentlichst, desto interessanter wirst du für deine potenziellen Kunden und für Google. Du brauchst Hilfe beim Bloggen oder suchst nach Austausch? Dann komm in meine Community. Wir treffen uns einmal monatlich und du bekommst Support, Ideen und Austausch unter Gleichgesinnten. Wir arbeiten an SEO und mehr Sichtbarkeit, mehr Website-Besucher, mehr zahlende Kunden.

2daywebsite.de/blog2business

Um deine Inhalte weiter zu individualisieren sowie dein Layout ganz genau auf dich und deine Wünsche anzupassen, empfehle ich dir „2DayWebsite" als Kurs. Du lernst wie du mehr Besucher*innen auf deine Website lockst und wie du sie zu Kunden machst. Für mehr Informationen zum Kurs: scanne den QR-Code oder gib die URL ein.

2daywebsite.de/buchung

Behalte den Überblick

Notiere hier all deine Plugins, die du in deine Website integrierst. Plugins sind kleine Programme, die bestimmte Funktionen bereitstellen.

Simplify Your Website

2daywebsite.de/cookies

Anhang und Hilfen

Du möchtest dein Wunschdesign selbst gestalten und suchst eine klare Struktur? Mit meiner Checklisten-Sammlung planst du Schritt für Schritt dein Design und hältst alle wichtigen Daten an einem Ort fest. Die übersichtlichen Checklisten helfen dir bei der Umsetzung – oder du gibst sie einfach an Freelancer oder Agenturen weiter, um Zeit und Kosten zu sparen. Notiere Schriften, Farben, Passwörter und mehr, damit du jederzeit den Überblick behältst.

2daywebsite.de/checklisten-sammlung

Schnellere Ergebnisse gewünscht?

Möchtest du sofort durchstarten und deine Website schnell fertigstellen? Dann buche 2DayWebsite. In nur zwei Tagen setzt du deine Website von Grund auf um und lernst nebenbei alles Wichtige zu Online-Marketing, Blogging, Werbung und den cleveren Einsatz von KI.

2daywebsite.de/buchung

Du wirst unabhängig vonWebdesignern und Agenturen und hast volle Kostenkontrolle. So bringst du dein Business direkt auf die Überholspur!

2daywebsite.de/kurs-fuer-macher

Inhalte des Kurses 2DayWebsite:
- Installation von WordPress: Du musst NICHTS installieren, das mache ich für dich!
- Du bekommst ein Theme und fertige Templates für die Über-Mich-Seite und die Startseite.

- Du lernst strukturiert, wie du deine Website erstellst.
- Du kannst deine Website mit Drag and Drop ganz einfach selber bearbeiten.
- Du lernst, wie du mit Suchmaschinen-Optimierung bessere Rankings bei Google erzielst.
- Enthalten sind das WorkBook, die Checklisten und der Kurs.
- Ich bin persönlich für dich da und teile praxisnahe Tipps und bewährte Strategien aus meiner langjährigen Erfahrung. So erreichst du deine Ziele schneller, vermeidest Umwege und sparst wertvolle Energie!
- 2 Tage für die Umsetzung (im Hotel oder über Zoom). Du profitierst von meinem Feedback und dem direkten Austausch mit Gleichgesinnten.
- Nach dem Kurs hast du die Möglichkeit in monatlichen Treffen Fragen zu klären und weiterzuarbeiten.

Blogge mit mir: Community mit Mehrwert!

Du hast eine Website, aber brauchst hin und wieder Unterstützung mit der Technik oder WordPress? Dir fehlen frische Ideen für deinen Blog, und du wünschst dir Austausch mit Gleichgesinnten? Dann ist Blog2Business genau das Richtige für dich! Hier bekommst du Support, Inspiration und eine Community, die dich weiterbringt. Schau vorbei und mach dein Business noch erfolgreicher!

2daywebsite.de/blog2business

Glossar

Dies ist eine Sammlung der wichtigsten Begriffe. Das Webdesign-Vokabular ist stetig im Wandel. Eine ausführliche Sammlung findest du auf meiner Website. Sie wird regelmäßig aktualisiert und ergänzt.

2daywebsite.de/glossar

Die **Positionierung** bezieht sich auf die Abgrenzung eines Angebots/einer Marke vom Wettbewerb. Ziel ist es in einer definierten Zielgruppe eine Alleinstellung am Markt zu erreichen.

WordPress ist das Programm, mit dem ich bevorzugt Websites erstelle. Es wird häufig als **Blogger-Software** bezeichnet, ist aber ein vollwertiges **CMS (Computer-Mangement-System)**, mit dem du Website-Inhalte erstellen und variabel anzeigen lassen kannst.

Für WordPress benötigst du **Speicherplatz**, eine **Datenbank** und **PHP** (Script) – all das stellt dein **Hoster** im **Hosting-Vertrag** bereit. Hosting umfasst die Dienstleistungen, die für das Erstellen und Veröffentlichen von Websites nötig sind, wie **Webhosting**, das **Webspace** und die Unterbringung von Websites. WordPress und die Datenbank mit PHP lassen sich per **One-Klick-Installation** (vereinfachte Installation) einfach und schnell installieren. Eine Anleitung findest du auf meiner Website.
Eine **Domain** ist der eindeutige Name für eine Internetseite. Sie ist eine Internetadresse, die es ermöglicht, eine Website zu besuchen.

2daywebsite.de/anleitung-wordpress-installieren

Suchmaschinen-Optimierung (SEO)

sorgt dafür, dass deine Seite bei Google besser gelistet wird und bei entsprechenden Suchanfragen weiter oben in der Liste der Suchergebnisse (SERP) gezeigt wird. Die **Suchergebnis- Liste** ist die Liste, die nach Eingabe eines Suchwortes oder einer Suchphrase als „Lösung" angeboten wird.

2daywebsite.de/seo-lernen

Themes sind wie Templates in Powerpoint. Bestimmte Gestaltungsrichtlinien sind darin festgelegt. Sie beeinflussen, wie deine Website aussieht.

Als **Claim** bezeichnet man einen Satz oder Teilsatz, der sofort von der Zielgruppe mit einer Marke oder einem Unternehmen in Verbindung gebracht wird. Als Alternative wird oft der Begriff **Slogan** verwendet,

Ein **Elevator Pitch** ist eine kurze, prägnante Selbstpräsentation, die in der Regel 30 bis 60 Sekunden dauert. Dabei geht es darum, in kurzer Zeit das Interesse des Gegenübers zu wecken, z. B. während der Fahrt im Aufzug.

Der **Unique Selling Point (USP)** stellt im Marketing den Mehrwert deines Angebots dar. Damit hebt es sich von denen der Konkurrenz ab.

Danksagung

Mit der Veröffentlichung dieses WorkBooks möchte ich beweisen, dass Webdesign weder schwer noch kompliziert sein muss. Dieses Buch soll Business-Starterinnen Mut machen. Oft entwickeln sie ihre Projekte aus Angst vor Komplexität und der Öffentlichkeit im stillen Kämmerlein. Dadurch fehlt der Austausch mit potenziellen Kunden und der nötige Weitblick.

Das WorkBook richtet sich an Coaches und Expertinnen. Es soll ihnen helfen, sichtbar zu werden. Ich zeige darin, welche Schritte zu Beginn besonders wichtig sind und wie einzelne Bausteine – wie bei einem Puzzle – zu einem schlüssigen Gesamtbild zusammengesetzt werden können.

Auch ich habe lange Zeit hinter verschlossenen Türen gearbeitet, Pläne geschmiedet, verworfen und wieder neu zusammengesetzt. Erst mit der richtigen Unterstützung konnte dieses Buch Schritt für Schritt entstehen. Ich weiß, wie wichtig Hilfe ist, und freue mich sehr, dass dieses WorkBook nun eine praxisorientierte Anleitung für den Start ins Business geworden ist. Es erfüllt mich mit Stolz, eine umsetzungsorientierte Methode präsentieren zu können, die auch dank der Unterstützung anderer entstanden ist.

Mein besonderer Dank gilt:

Wolfgang Exner, meinem Mann, der mich mental unterstützt hat, dranzubleiben und den Weg zu gehen. Außerdem hat er die perfekte Methode zur Veröffentlichung gefunden – DANKE!

Gesa Exner, meiner Tochter, die mit ihrer analytischen Art, großer Geduld und den richtigen Fragen geholfen hat, wichtige Punkte noch klarer herauszuarbeiten. Vielen Dank!

Kathrin Schikat, die mich als Coach nicht nur motiviert, sondern das Buch auch aus der Perspektive der Nutzer*innen betrachtet und intensiv getestet hat. Ihre Unterstützung war von unschätzbarem Wert – sei es bei der klaren und verständlichen Formulierung oder der logischen Strukturierung. Vielen Dank für deine gezielten Nachfragen, wertvollen Anmerkungen und deine Geduld! Jemanden wie dich an seiner Seite zu haben, ist ein echter Glücksfall!

Andrea Arndt, die die Rechtschreibung geprüft und die Formulierungen verbessert hat.

Zu guter Letzt bin ich dankbar dafür, dass ich nicht aufgegeben habe, obwohl ich oft kurz davor war. Es tut gut, ein Herzensprojekt tatsächlich umzusetzen.

Mein Wunsch ist, dass viele Einzelunternehmer*innen, insbesondere Anfänger*innen im Webdesign und Online-Marketing, durch dieses WorkBook ein besseres Verständnis für die Erstellung von Websites entwickeln. So können sie fundierte Entscheidungen treffen, die ihr Business voranbringen.

Mir bleibt nun noch allen Coaches von Herzen viel Mut und Freude beim Umsetzen mit „Simplify your Website" zu wünschen!

Ich bin dankbar für Feedback: hallo@2DayWebsite.de

Budget-Übersicht

Den Ausgaben auf der Spur

Zeitraum

Datum	KATEGORIE	BESCHREIBUNG	SUMME
		TOTAL	

Simplify Your Website

Website Sitemap
Seitenübersicht

Die Sitemap ist ein Diagramm aller Einzelseiten innerhalb der Website-Präsenz. Die Sitemap visualisiert die Website-Struktur und zeigt welche Seiten wie miteinander verbunden sind.

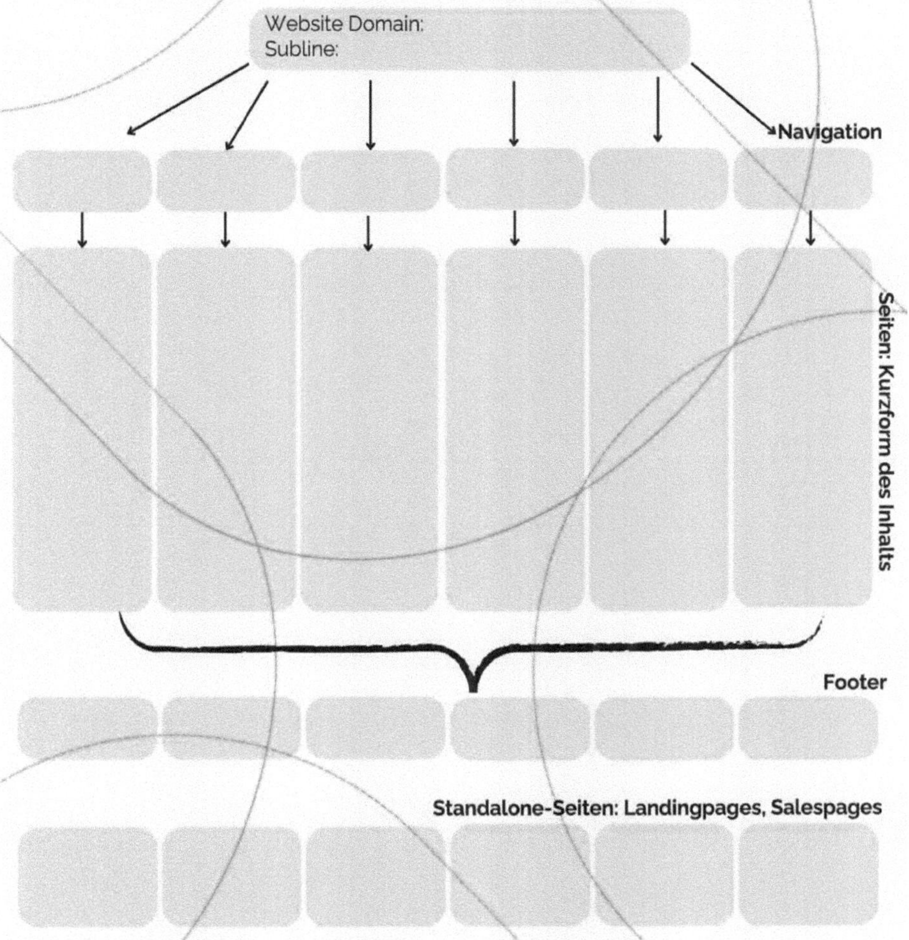

Website Domain:
Subline:

Navigation

Seiten: Kurzform des Inhalts

Footer

Standalone-Seiten: Landingpages, Salespages

Der Geheimcode Hüter:

Dein Passwort-Manager

⊕ _____

𐐉 _____

🗝 _____

⊕ _____

𐐉 _____

🗝 _____

⊕ _____

𐐉 _____

🗝 _____

⊕ _____

𐐉 _____

🗝 _____

⊕ _____

𐐉 _____

🗝 _____

Simplify Your Website

Themen und Adressen

Zeige Google wer du bist!

Startseite, Produkte, Inhalte, Blogartikel oder FAQ:
Unter welcher Internetadresse / URL sollen die jeweiligen Inhalte gefunden werden? Überlege die passende Überschriften zu deinen Themen, die du zur URL machst. So lernt Google dich kennen und zeigt deinen Nutzern deine Website.

Domain / URL Nutzung für?	Ziel der Seite und wichtige Inhalte

Simplify Your Website